和谐校园文化建设读本

论特殊教育

战红岩/编著

吉林教育出版社

图书在版编目(CIP)数据

论特殊教育 / 战红岩编著. — 长春 : 吉林教育出版社,2012.6(2022.10 重印)

(和谐校园文化建设读本)

ISBN 978 - 7 - 5383 - 8966 - 1

Ⅰ. ①论… Ⅱ. ①战… Ⅲ. ①特殊教育—研究 Ⅳ. ①G76

中国版本图书馆 CIP 数据核字(2012)第 116070 号

论特殊教育

LUN TESHU JIAOYU

战红岩　编著

策划编辑	刘　军　　潘宏竹

责任编辑　张　瑜　　　　　　　　　　　　装帧设计　王洪义

出版　吉林教育出版社(长春市同志街 1991 号　邮编 130021)

发行　吉林教育出版社

印刷　北京一鑫印务有限责任公司

开本　710 毫米×1000 毫米　1/16　　印张　11.5　　字数　146 千字

版次　2012 年 6 月第 1 版　　印次　2022 年 10 月第 3 次印刷

书号　ISBN 978 - 7 - 5383 - 8966 - 1

定价　39.80 元

编　委　会

总 序

千秋基业，教育为本；源浚流畅，本固枝荣。

什么是校园文化？所谓"文化"是人类所创造的精神财富的总和，如文学、艺术、教育、科学等。而"校园文化"是人类所创造的一切精神财富在校园中的集中体现。"和谐校园文化建设"，贵在和谐，重在建设。

建设和谐的校园文化，就是要改变僵化死板的教学模式，要引导学生走出教室，走进自然，了解社会，感悟人生，逐步读懂人生、自然、社会这三本大书。

深化教育改革，加快教育发展，构建和谐校园文化，"路漫漫其修远兮"，奋斗正未有穷期。和谐校园文化建设的研究课题重大，意义重要，内涵丰富，是教育工作的一个永恒主题。和谐校园文化建设的实施方向正确，重点突出，是教育思想的根本转变和教育运行机制的全面更新。

我们出版的这套《和谐校园文化建设读本》，既有理论上的阐释，又有实践中的总结；既有学科领域的有益探索，又有教学管理方面的经验提炼；既有声情并茂的童年感悟；又有惟妙惟肖的机智幽默；既有古代哲人的至理名言，又有现代大师的谆谆教诲；既有自然科学各个领域的有趣知识；又有社会科学各个方面的启迪与感悟。笔触所及，涵盖了家庭教育、学校教育和社会教育的各个侧面以及教育教学工作的各个环节，全书立意深邃，观念新异，内容翔实，切合实际。

我们深信：广大中小学师生经过不平凡的奋斗历程，必将沐浴着时代的春风，吸吮着改革的甘露，认真地总结过去，正确地审视现在，科学地规划未来，以崭新的姿态向和谐校园文化建设的更高目标迈进。

让和谐校园文化之花灿然怒放！

本书编委会

目 录

第一章 特殊教育的历史与概念

一、特殊教育发展的历史阶段

外国教育史一般按照社会发展的历史阶段（原始社会、奴隶社会、封建社会、资本主义社会、社会主义社会）来划分。但是，特殊教育的历史阶段划分在不同的国家和不同的作者中有着不同的划分方法。有的直接按时间顺序排列，例如日本的障碍儿童教育史就分成了：

1. 古代

2. 中世纪

3. 1700 年

4. 1800 年

5. 1900 年

6. 1945 年

7. 现代

美国的海威特（Frank M. Hewett）将特殊教育史分为：

1. 原始和古代时期（公元前 3000 年至公元前 500 年）

2. 希腊和罗马时期（公元前 500 年至公元 400 年）

3. 中世纪（公元 400 年至公元 1500 年）

4. 16 至 17 世纪

5. 18 至 19 世纪

6. 20 世纪

不过在各类残疾儿童的教育史中分类又各具特色，考虑到了具体的发展阶段。例如日本梅根悟监修的世界教育史大系第 33 卷中智力落

后儿童教育史的划分是:

1. 智力落后者问题前史(原始社会、古代奴隶社会)

2. 智力落后问题的出现(封建社会初期)

3. 智力落后问题的确定(中世纪、专制统治时期)

4. 智力落后教育的创始(资本主义形成、空想社会主义)

5. 智力落后教育的发展

6. 智力落后教育的退步(帝国主义时期)

7. 战后智力落后教育的复兴

美国的培恩和培顿就智力落后教育的分类是:

1. 混淆时期(人类起源至公元 1770 年)

2. 觉悟期(1700—1800 年)

3. 对低能儿童有乐观看法的开始时期(1800—1860 年)

4. 觉醒期(1860—1890 年)

5. 真正警醒期(1890—1930 年)

6. 观望不前期(1930—1950 年)

7. 重新醒悟期(1950—1960 年)

8. 特别强调期(1960—1970 年)

9. 由衷的醒悟期(1970 年—现在)

这些划分中考虑到了一个国家某一类特殊教育的具体发展过程和特点。

苏联的巴索娃对聋教育史基本是按照社会形态来划分的:

1. 原始社会聋童教育

2. 奴隶社会时的聋教育思想和对聋人态度

3. 封建社会与文艺复兴时期的聋教育和垄断资本主义前的聋教育

4. 17—18 世纪个别聋教育的传播

5. 第一批聋人学校和机构,口语和手势体系的形成

6. 19 世纪西欧和美国的聋教育

帝国主义时期的聋教育

7. 19 世纪末 20 世纪初的聋校和聋教育问题

8. 20 世纪中叶聋教育的状况

十月革命前俄国聋教育历史

9. 封建社会时期俄罗斯聋教育及其发展史

10. 封建主义解体、资本主义萌芽时的俄罗斯聋教育（18—19 世纪）

11. 资本主义时期的俄罗斯聋教育（19 世纪后半叶）

12. 帝国主义时期社会聋教育的发展（19 世纪末 20 世纪初）

苏联和社会主义国家聋教育的历史

13. 聋教育的根本改造的开始（1917—1920 年）（下略）

扎穆斯基教授对智力落后教育历史的分期基本按照社会形态，但又考虑了一些国家和著名活动家的情况，没有严格按年代排列。他在"社会对智力落后者帮助和关于弱智学说的基本发展阶段"下分了三部分：古代和中世纪对智力落后的态度；伟大法国资产阶级革命对智力落后态度的影响；19 世纪后半叶至 20 世纪初社会对智力落后帮助的积极化和智力落后学说的发展。以上划分的方法各有其优点，基本按照事物发生前、发生和发展的顺序并适当考虑到某一类残疾的特点。但这些分类问题是划分的时间跨度相差悬殊或太机械（按世纪）以及缺少对特殊教育总体根本问题的考虑（例如，残疾人的社会地位、社会对残疾人的态度等）。有的美国学者在按远古、希腊罗马、中世纪及18、19 和 20 世纪分期时考虑了对待残疾人的四个历史因素：生存、迷信、科学、服务。在服务项中列出开发利用、人道待遇、监护、教育、社会接受。每一个时期在四项中各有若干内容，这种论述方法比较好地突出了各个时期在四个方面的发展变化，但是仍未能突出残疾人社会地位、人们态度和特殊教育的产生发展等问题。因此，应先确定划分的原则：①要有与普通教育史划分的共性，既要考虑社会形态，又要考虑特殊教育的特点，不能全部照抄普通教育史；②要从整个特教事业和残疾人群体所处的社会地位及社会对其认识和态度来考虑；③要有时间阶段划分但又不能确定某一具体年份为某一阶段（例如可以某一事件具体年为某一阶段起始，而以一个较大时期划分）。

特殊教育的产生和发展除了受生产力、生产关系的发展制约外，还和科学的发展与人们对残疾人的认识及残疾人的社会地位密切相关，特殊教育的产生和发展晚于普通教育。所以其阶段划分与普通教育有相同的规律（按时间顺序、与社会形态有关等），但又有其自己的特点（产生晚、与残疾人地位和人们认识有关等）。特殊教育的产生和发展的决定因素既有社会等方面的客观因素，又有人们的认识和社会统治者的政策等因素。

二、特殊教育概念的变化

特殊教育是教育的一个组成部分，是使用一般的或经过特别设计的课程、教材、教法、教学组织形式和教学设备对有特殊教育需要的人（主要是少年儿童和青年）进行的旨在达到一般的和特殊的培养目标的教育。因教育对象范畴的不同，又可分为广义的特殊教育和狭义的特殊教育。广义的特殊教育包括对天才（超常）、品德不良（轻微违法犯罪）、智力低常（落后）、视力残疾、听力残疾、肢体残疾、言语残疾、精神病残疾、情感和行为障碍、学习障碍、多种残疾以及各种特殊人的教育。狭义的特殊教育仅包括对有各种残疾人的教育，又称做"缺陷教育""残疾教育""残障教育"等。

人们对特殊教育概念的认识和把其作为教育的一个有机组成部分是经历了一个很长的历史过程的。

世界上产生人类社会以来，每个人都以其与其他人的差异性而在社会中被别人认识。这种差异性或特殊性可以从人的外形、能力、性别、肤色等方面来认识。古代社会人们就区分了动作灵活、能力强、聪明的人和行为笨拙、能力差、不聪明的人，区分了肢体健全、五官端正和四肢有残缺、器官（特别是视觉器官）有障碍的天生畸形的人，他们在社会中的表现不同，一部分人对他们的态度也就不同，他们在群体中的地位也不相同。作为人类社会所特有的一种社会现象、一种有目的有意识传授给年轻一代经验、技能的教育在这些有差异人的身上也不相同。天才的人就较好地接受了从原始社会开始的教育，而畸形、残缺的人就连生存的权利都没有保障，更谈不到受教育。身心障碍婴儿的诞生是社会发展中的客观现实，是人类进步付出的代价，任何社会都不能不注意到这个客观存在。由于社会发展阶段和生产力发展水平的不同，不同地区和不同的人们对这些残疾人的认识和对他们的态度也不相同。这种认识和态度一方面依赖于社会生产力、生产关系和经济基础及上层建筑（政治、道德、哲学等）的发展，另一方面也依赖于科学、文化、教育等事业的发展。生产力发展水平不同，生产关系不同，对人们的要求也就不同。在简单生产时，对人们的劳动要求较低，交往可以少些、简单些，重度的残疾、肢体缺损畸形极易被发现，而智力、心理发展上的障碍却被发现得较晚。在生产力水平很低、人们没有更多剩余产品时，当某些残疾人（如重度精神病人等）对社会构成"危险"时，由于经济上和社会上的原因，为了人种的"优化"，古代欧洲曾把这些生下来就明显畸形的人从肉体上消灭。

在欧洲奴隶社会的后期和中世纪宗教势力占统治地位的时期，法律仍禁止聋、盲、哑、呆傻等异常人参加社会生活，虽然他们有了生存权但不被承认是有完全能力的人。虽然有一部分盲、聋人或智力迟钝的人（主要是有产者的后代），有了继承财产的权利，但仍被排斥在社会生活之外，没有转移财产和写遗嘱的权利。一小部分有残疾者（如侏儒症患者）则生活于贵族和宫廷，充当仆人，供支遣使用。这个时期，也有过一些对残疾人收容、慈善性质救济或治疗的事。例如在《新约》、《马太福音》中有"治好手臂枯萎的病人""治好各种病人""治好两个盲人"等故事，可以看出：很多残疾在当时被看成是疾病，是可以治好的。这种观点和认识比起消灭残疾儿童肉体来说是一种进步。

在某些地区（如美洲印第安人中）智力残疾儿童被认为是老天的孩子，得到良好的供养。

随着医学等科学的发展，出现了医生真正对残疾科学分类和治疗并加以训练、教育的事例。18世纪有了盲、聋、智力落后等教育训练成功的尝试，产生了盲、聋、智力落后等教育的概念。由于此时的教育多为医生参与和与治疗结合起来，在19世纪德国形成了医疗教育学，它奠基在对智力落后儿童一系列教育、教学和治疗的观点上，代表人物有史特鲁姆皮尔（1812—1899）、布鲁诺·门涅尔（1814—1897）、卡尔·克伦（1814—1868）、史杰兹涅尔（1832—1910）等。这个概念和名称至今被一些国家的部分学者采用（如匈牙利、日本部分学者），特殊教育学科或系被叫做医疗教育学或系。

在19世纪末20世纪初，一些国家在各类残疾的特殊教育分别建立后，这些类残疾教育的研究或师资培训部门被综合叫做"（儿童）缺陷（教育）学"或者"异常儿童教育"研究所。也有的把各种不同于正常儿童的儿童称做"特殊儿童"，于是，广义的"特殊儿童教育"或"特殊教育"就出现了。第一次世界大战后，康复工作逐渐进入了特殊教育领域，教育与康复工作结合了起来，在大的康复概念或全面康复的概念中又包括了"教育康复"，也就是通过教育的手段和方法使残疾者被损害的机能达到其可能达到的最好水平。20世纪中叶以后，在残疾人教育中强调了要使被教育者的教育和生活条件正常化后，不少专家提出：对各类残疾儿童直接称呼其残疾，如"盲童""聋童""智力落后儿童"等对他们的心理发展有消极的影响，是一种有害的"标签"或"标记"，主张取消。因此，1981年在英国教育法中正式使用了瓦诺克在1978年报告中提出的"特殊教育需要儿童"。此时的特殊教育需要的范围远远超出了开始时的失明、失听、智力残疾等身心缺陷，还包括了没有任何残疾的各种发展中的需要，如对某一种学习有困难或某一方面有特殊才能或兴趣，这既有比较稳定的、长期的需要，又有短时期的需要。这种特殊教育的对象也就大大扩展了，因此特殊教育的概念也变得更大了。

不管对特殊教育概念怎样变化，也不管对特殊儿童分类中的各种意见（有的主张把各种残疾分成 8 类、11 类等，有的甚至主张分成残疾和非残疾；有的主张按残疾种类分，有的主张按残疾程度分；有的主张按造成病因分，有的主张按产生残疾时间分等），事实上各种残疾的特殊教育在各个国家逐渐建立并发展着，没有因学者们的意见不同或概念变化而取消。

当然，在有一些国家和地区，特殊教育涵义不仅是残疾儿童、天才儿童等教育，还包括了土著居民教育、当地少数民族的双语教育（例如墨西哥），新加坡的双语班也叫特殊班，美国有的大学的特殊教育系（如德克萨斯大学奥斯汀分校）中包括了培养美籍拉丁美裔的双语教育人才。美国总统克林顿在 1997 年 6 月签署的修订的特教法中也分析出了到 2000 年时美国将有的 2 亿 7 500 万人口，其中有 1/3 是西班牙裔、印第安人和亚裔及其他少数民族。这些人双语教育中的问题也属于了特殊教育。还有的地区把家庭教育等非义务教育的教育工作也归为特殊教育。

本书论述的仅是盲、聋、智力落后等各种残疾儿童的狭义特殊教育。

三、特殊教育学校的产生

（一）残疾儿童社会地位的变化

社会生产力的发展、人们社会生产关系的变化以及政治的变革，为中世纪残疾儿童的低下社会地位的变动奠定了物质基础。但是影响他们地位实际变化的还有理论和思想的因素，这就是文艺复兴及其以后一段时期的哲学社会科学、自然科学和教育科学的发展。

1. 在哲学社会科学方面

14 到 16 世纪欧洲文艺复兴时代的先进思想家，为了摆脱经院哲学和教会思想的束缚，提出了人道主义作为反对封建、宗教统治的武器，提倡关怀人、尊重人、以人为中心的世界观。法国 18 世纪资产阶级革命时曾把人道主义原则具体化为"自由""平等""博爱"的口号。"人皆有用""人皆平等"也成了争取残疾人在社会上平等地位的有力武器。

在 16 世纪初出现的空想社会主义虽是一种不具现实性的改造人类社会的乌托邦理想，但是在英国托马斯·莫尔（1478—1535）的《乌托邦》和意大利托马佐·康伯内拉（1568—1639）的《太阳城》的思想中奠定了所有人在受教育方面平等的原则。他们认为，所有儿童都要上学，应该给所有儿童以良好的教育。法国的圣西门、傅立叶和英国的欧文是 19 世纪主要的空想社会主义代表人物，欧文还把其教育观点付诸过实践。

18 世纪的法国启蒙思想家和唯物主义思想家是产生特殊教育的另一个重要的思想基础。洛克、孔狄亚克的感觉论，认为心灵是感觉作用的产物，必须让儿童学看、学听、学嗅、学尝、学触摸。他们奠定了感觉训练的基础。这对以后智力落后个别教育的实践有重要的意义。

法国著名启蒙思想家卢梭（1712—1778）在其名著《爱弥尔》直接讲到了盲人的触觉和聋人的触觉，讲明了其优势和可能性。他说："我们知道盲人的触觉比我们的触觉正确而精致，因为他们缺少一种感觉，不得不应用触觉来补偿视觉的功用。（我们今天仍然这样认识——引者）……我们在白昼虽强于盲人，但在黑夜时盲人倒可以做我们的指导了。如此说来，我们在一半时间之中也是盲人，所不同者在于真正的盲人永远知道自己该做的事情，我们却不敢在黑暗中去动作。……我宁愿爱弥尔的眼生在他的手指头上，而不是生长在烛商的店铺里。"卢梭在《爱弥尔》中还谈聋人触觉代替听觉，现代聋人学发音时用手摸声带振动或用仪器表示出振动，这就类似卢梭在 230 多年前的论述。"受过训练的触觉既可代替视觉，为何不可在某种限度内代替听觉呢？因为发音体的波动也可以为触觉所感受。你把手放在琴上，勿经看或听，只由琴木的颤动和震动，便可知声音为尖锐或平板，最高或最低，触觉曾受过分辨这些差别的训练。我们无疑地能由手指而知琴所发的全部音调了。"卢梭强调爱弥尔不穿鞋而赤脚是保持和增进皮肤的感觉能力。

法国著名的唯物主义哲学家狄德罗（1713—1784）坚决反对上帝存在，认为一切知识来源于感觉，感觉是外部世界作用于感官的结果。不仅在其众多的论文中涉及盲、聋人的认识问题，而且还专门有过两篇论文《供明眼人参考的谈盲人的信》（又简称《论盲人书简》1749年）和《给听说健全者参考的论聋哑人书简》（又简称《论聋人书简》1751年）。他用唯物主义的无神论观点来详细论述感觉器官残疾人对外部世界的认识。例如，在《论盲人书简》中狄德罗认为："一个天生的盲人是怎样形成各种图形的观念的？我认为是他的身体的各种运动，他的手在若干地点的相继存在，一个在他的手指之间通过的物体的连续不断的感觉，使他得到方向的概念。如果他把手指顺着一根绷得很紧的线摸过去，他就得到一条直线的观念；如果他顺着一根松弛的线的弧度摸过去，他就得到一条曲线的概念。说得更一般一点，他是凭着那些反复取得的触觉经验，得到对于那些在不同的点上感受到的感觉的记忆的。他善于组合这些感觉或点，并从而形成图形。"狄德罗与孔狄亚克、洛克都有一个相同看法：一个天生盲人是不能凭视觉判别一个球形和一个立方体的。

2. 在自然科学方面

医学、解剖学的发展使人们从科学的观点认识到了各种残疾的实质，例如懂得了因聋而不能模仿语言而变哑，打破了哑是上帝惩罚的宿命观点。精神病医学的发展使科学家把精神病人和弱智人区别开来。例如瑞士医学教授菲·普拉特杰尔（1537—1614）在1614年出版的《观察》和其死后出版的《医学实践》中就做了这种分类。法国精神病学家皮涅尔（1745—1826）第一次从精神病人身上去掉锁链，把智力迟钝和白痴分开。其学生艾思基罗尔（1772—1840）更进一步指出白痴不是一种疾病，而是一种状态，其特征是智力无表现或不够发展。他还引进了"智力落后"这个术语并按时间、程度和语言状况对此状态进行了分组。

科学的发展开阔了人们的眼界，对人们重新认识残疾人和残疾人争得社会的平等地位有了根据，对打破迷信、宿命等思想是一种有力的武器。

3. 在教育科学方面

开创教育学的捷克著名教育家夸美纽斯（1592—1670）在其具有历史意义的著作《大教学论》中除主要论述普通教育外，还对盲、聋、智力落后等儿童教育的必要性、可能性、教育方法、安置形式以及发病率等都有其论述。

在特殊教育方面也有很多人有过重要论述，如意大利哲学家和医生卡尔丹诺被人称做聋教育理论的奠基人，他在 1550 年出版的《论精神》一书中仔细分析了聋的病因并进行了较科学的分类，区分了程度，还证明需专门组织教学，可用书面语和骨导，可教会聋人发音和理解书面语。他说，我们可以达到：哑人通过阅读可以"听"到，通过书写可以"说"话。西班牙人莱昂、英国人荷德、瓦利斯等人在尝试教聋哑儿童方面也有过贡献。

这些理论和思想的因素虽然有其历史的局限性，某些方面在今天看来还不完善或有错误，但其在当时的历史条件下对正确认识残疾和残疾儿童，使残疾儿童得到应有的社会地位，对特殊教育的产生无疑起了进步作用。

（二）个别残疾儿童教育的实践

西班牙人波内特出生在一个农村基督教家庭中，从小去马德里伯父家并参了军，有机会学习了意大利语和法语。后到一公爵处做事，此家庭有四个聋人，他运用了莱昂的方法教聋人，1620 年在马德里发表了第一部教聋人说话的书，论述自己的经验。书名是《论声音的实质和教聋哑说话的艺术》，书中详细论述教育的目的和任务后分成了三个部分：①每个字母音的构成和发音；②手指字母，即用不同手指的不同位置和组合表示发声的字母；③西班牙语法和教聋人言语、阅读、计算的方法。最后附有手指字母表。这是最早公布的利用手指字母帮助耳聋人学习语言的论述和发明。

波内特认为教聋人口语，特别是本民族的语言是可能的。任务就是要通过视觉教会聋人口语和书面语，用视觉来代替听觉。他认为，聋哑人在人脸面的帮助下有极大的灵活性，可以理解所有的教学内容（此处波内特的认识过于绝对化了——著者），用这个途径可以找到替换听觉的手段。因此他认为：人脸就成了教学的工具（这里他指通过表情、口形来理解教师的讲话）。他在 1620 年制订的手指字母有 21 个，其中很多手指字母的样式仍是今天各国拼音文字的手指字母的基础或者完全一样。只有一个字母 Z 使用了小手指书空动一下的样式，其余均为固定不变的样式。这便于用视觉清晰感受。当然，波内特之前莱昂就已发明，波内特做了修订并完整发表。波内特提出了教学方法的要求是：教学的基础必须是教聋人使用言语的手指形式，并利用其进行理解性阅读；在教聋人口语时必须排除手势符号，交往时仅用手指语；必须详尽和经常教聋人动词，利用言语的问答形式；应该力求发展和完善耳聋学生的智力活动；教聋孩的教师应是专门的、有创造能力和坚信事业胜利的人。他还提到了应让聋学生自觉感受和掌握知识，利用相反概念对比的方法教聋学生；教学过程中要注意直观性和具体化，他本人教口语时除了正确描述发音器官位置外，还利用感觉空气流动、演示自己制造的直观教具"皮舌头"（发音器官活动模型）；通过系统教学使聋哑学生掌握新知识。他强调发挥学生的积极性和在实践中利用获得的知识。波内特认为这是掌握和巩固教学内容的最好手段。他在这个问题上的建议至今对我们教聋儿语言仍是有益的。波内特说："每天晚上问学生，在一天中学会了什么和看到了什么，以便学生可以用语言检查自己的体验。这不仅是为了成为周围现实生活的积极参加者，同时重要的还是为了在交往言语实践中掌握语言"，"应该问学生计划做什么？教会他们（用语言）讲出他在想什么和感受什么。"波内特利用了亚里士多德把言语分成几个部分的方法，也发展了卡尔丹诺的体系，把语言的书面语以外的形式引入了其教法体系。

波内特把教语言这个交往工具分成几个阶段：①学生认知字母

（书面）和表示字母的手指符号；②形成初步的书面语；③教发音，建立与发声的联系；④在手指字母帮助下建立已学口语和书面语的联系；⑤在发单音基础上形成连续的口语。

波内特的论述多是经验的总结，而且很多来自普通教育学。但这仍是聋人个别教学中的很大成绩，对于以后发展教学法体系有重要价值。在实践上证实了卡尔丹诺的原则，即可以教会聋人语言。他首次公开发表的手指字母开创了指语的先河。其历史的局限性在于仅是个人的教学，缺少全面理论的论述。

除了在当时的西班牙、法国、英国、德国等大国有过聋教育的个别教育的成功尝试外，在较小国家荷兰也出现了聋人口语理论的奠基人阿曼。阿曼生于瑞士，在巴塞尔学习医学，后去荷兰的阿姆斯特丹从事医生工作，后接受一富人委托，教育富人的聋女儿。阿曼从此开始了特殊教育的活动。在阿曼的教育下这个聋孩的学习取得了成功，学会了说话。1692年阿曼发表了专著《先天聋人可学会说话的途径》，1770年阿曼补充和扩展了新书《关于言语的论文》。这本书当时还有一个很长的书名：对说话才能的研究，因此不只是人类的嗓音，由它们做基础组成说话能力，同时也指出如何从儿童时起教聋、哑和语言缺陷者说话、纠正自己错误的道路。这个长长的书名已简单介绍了书的内容。

阿曼认为主要任务是教聋孩子发单音。因此，他对聋人进行了个别音教学，先教发声（嗓音），然后元音（母音），而后辅音（子音）以及音节和单词。教单音是建立在模仿教师发音口形的基础上进行专门的练习。在直观的教发音过程中，阿曼建议学生用小镜子照自己的口形以便与老师对照，并利用触觉摸自己的发声部位。这种直观的方法至今在很多地方使用。教发音作业与练习后就是教识字和阅读，教发音后再教读和写字母的书面形式（印刷体）。最后教语法和逻辑正确的语言，让学生多背诵句子和课文。

阿曼的经验和著作在其后的一二百年中的欧洲流传很广，影响很大，对教聋人语言起过积极作用。一位美国聋教专家莫尔斯称阿曼对以后聋教育中的法国和德国两大模式（方法）有重大影响，是两大体系之父。当然，阿曼的历史局限性在于把教学缩小为单纯的发音教学，对聋人的智力发展等未予重视，使以后的聋教育中产生了机械的训练和形式主义。

在智力落后儿童的个别教育实践中最有影响和最著名的就是法国医生依塔尔，他曾任巴黎聋人学院医务人员，领导学院人员的听觉与语言器官的研究与训练。使依塔尔在世界历史上第一次用实践证明了弱智儿童有受教育可能性的是一次偶然的事件，18世纪之前在很多地方发现过动物养大的儿童，被称为熊孩、羊孩等等，但是都没有过成功的教育。1799年在法国东南部的阿维龙森林中发现了一个11—12岁的男孩，抓到这个男孩时他不停地乱动、咬、抓，其行为证明是一种野兽的生活习惯。把此男孩运回巴黎后，为他起名为维克多。巴黎的人士对其很感兴趣，认为是在文明社会外生长起来的人，但对他的认识上远没有统一，大家在争论自然和文明对人的个性有什么影响。法国著名医生皮涅尔是艾思基罗尔和依塔尔的老师。皮涅尔认为维克多不可医治，不值得教育。而皮涅尔的学生依塔尔不同意老师的看法，认为维克多是野化了的人，可以教育成为社会的人。皮涅尔与依塔尔在观察维克多后有过一段很有意思的对话：

依塔尔（下称依）：皮涅尔医生，您对这个年轻的野人如何评价？

皮涅尔（下称皮）：这是很明白的。他被他的家庭遗弃，扔到森林中让其死亡，因为他是残疾儿童。你看，他是聋人。当我在他身后使劲地关上房门时他都没有一点反应。

依：当我在他后面打碎橡子果壳时，他立刻就有了反应。这声音是他熟悉的，他从前没有听到过关门的声音。

皮：或许纯粹是一种偶然。依塔尔医生，你为什么对他这样感兴趣？让我们到单位去，我会给你看一批像他一样的人。但是，你的年轻的野人比他们中的多数人更无希望和更像动物。

依：可是他从来没有过机会学习人类的习惯。而您医院的病人生活在人类的世界中，仍然没有学习。而这个野人在其生活的大部分时间只知道动物世界。

皮：不要紧。他像他们一样缺少学习人类习惯的能力。

依：但是，如果野人受不到简单的教育，其由于在人类世界经验局限而有的行为将会怎样呢？

皮：依塔尔医生，您对教育他有什么建议呢？

依：如果可能，使其在人类世界中受适当的学习生活与训练，使其熟悉人类的习惯，像自我保护、发展阅读、书写和说话的技能。

皮：阅读、书写、说话！或许您可以到我们医院来并把那里的毫无希望的人造就成学者。

依：不，他们是不同的。您没看到吗？我们知道，这个野人的能力受到局限，因为他还从来没有过学习的机会。

皮：您想提议训练这个野人吗？

依：关于这个野人我想了很多。或许通过严格的训练去冲击其原始的、没有发展起来的感觉，我们给他一个学习从未有过东西的机会。

皮：我怀疑你做的任何事情会使野人有什么差别。

依：我请求当局允许我把维克多从巴黎聋哑学校这里搬到我家去。我的管家格尤林夫人将照顾他，我来训练他。

皮：依塔尔医生，我赞美你的乐观，但是你将看到：这个野人是残疾人。他能力的局限性将阻碍您训练他的每一个成果。

依：或许我的训练将揭示，最后他有能力学习人类的习惯。

皮：依塔尔医生，我们将拭目以待。

依：是的，皮涅尔医生，我们走着瞧。

上述对话清楚地表明了在对待特殊教育中两种截然相反的对立观点。法国科学院委托依塔尔做训练维克多的工作。依塔尔受洛克等感觉论的观点影响，认为一切心理活动的基础是感觉，所以决定先从发展感觉入手。依塔尔用单一感官训练法，即单独练听或单独练看。同时注意教育维克多社会需要的品质。开始时创造近似其过去在森林中生活的环境，逐渐向人的文明社会生活转变。经过五年的长期努力，维克多渐渐走进人类社会，可以区分水的温度、可以注视物体、眷恋看护的保姆，有害怕的感觉，愿意舒适，会选择食物，甚至学会了用单个的字母排列出简单的字用以表达人类的生活要求。不过这些进步和成绩并未能使维克多变成社会上正常的人，没有能学会口头言语。维克多1828年逝世。历史证明了皮涅尔和依塔尔的争论都有部分是对的。依塔尔认为维克多是可训练的，五年训练使其行为有了改变，这是对的。但最终没能达到在社会上独立和掌握语言，这点皮涅尔是对的。二人又都有错误，把观点都绝对化了。可以训练但不一定就是正常化；不能完全正常化不一定就不能经过训练，在功能上有发展。

无论如何，依塔尔对维克多的个别教育工作实践使人们深信，即使是被认为毫无希望和能力的特殊群体也可以发展；感官练习以及运动训练是使其发展的途径。依塔尔的经验成了19世纪前半叶整个世界弱智教育的基础，教育和鼓舞了很多医生、教师和热心的人士。

个别盲人经过教育成才的事例在这个时期也不少，特别是在英国。例如英国剑桥大学教授桑德逊著有《代数原理》十卷。他1岁时失明，5岁时用一种器械来摸学算术，后来成了数学家。1662年英国出现过教盲人音乐的学校，有30个盲人在学习。英国伦敦还组织过"盲人兄弟会"，盲人利用自己空间定向行走的优势求得独立在社会生存的途径。他们担任外国旅游者在伦敦雾天或晚上行动的向导。盲人教育（书写、阅读）的工具问题也有人研究，例如1670年有人研究过12个点组成的盲字，这对以后法国创造的盲字起过作用。

聋、盲、智力落后个别教育实践虽有很多的历史局限性，但证实了残疾人教育的可能性，探索了教育教学方法和体系，为社会化教育机构的建立奠定了基础。

（三）特殊教育学校的建立

随着社会发展工业化的进行，教育也有了发展，对劳动者的文化要求也有了提高，出现了可同时教育较多人的学校这种形式，也就是开办单独的社会化的教育机构，同时接纳更多的人入学。在特殊教育中也出现了类似的情况，一方面是把个别教学逐渐扩大成为特殊班以使更多的残疾儿童受教育，另一方面是建立专门的特殊教育学校。在当时的社会条件下这两种方式都是一种进步。

但是，在建立特殊学校时曾经有过争论。例如，在办聋校的问题上出现了建立封闭式教学机构，即把聋哑学生与社会影响隔离开来的倾向。在法国有人建议建立聋哑人的国家特殊居住区。不过，也有人提出了不建立特殊教育学校是合理的这种看法。他们不断提出把聋哑学生放到有听觉儿童的普通学校去学习的思想。这种建议的根据有两点：①聋哑学生和普通有听力学生一样不应与家庭教育分隔开；②普通学校可以接纳更大数量的聋哑学生来学习。不过在当时建立寄宿制聋哑学校的思想占了上风，主要是这种机构可以更多地考虑聋哑孩子的特殊需要，可以有更多的条件组织对他们的特殊活动。

公认的在世界上建立了第一个聋哑教育学校的是法国人莱佩。莱佩生在一个建筑师的家庭，其父曾为凡尔赛宫工作。1729—1730 年莱佩获得了罗马天主教教士的第一个学位，相信高僧詹森的教义至上主义。但是他拒绝坚持巴黎教区的某些正教的观点。1738 年做过一个教会的教士，后来拒绝担任宗教职务而被取消执行神职的权利。后来莱佩又去学法律，当了律师，又因不满意法庭的黑暗而离开了此工作。一个偶然的机会改变了莱佩的生活，在莱佩 50 岁时，他在一个朋友家遇到了两个双胞胎女孩，她们的母亲告诉莱佩，两个人均是聋哑，莱佩看到她们用手势交往，很感兴趣。后来他做了这两个孩子的私人教师，开始教这两个孩子，并使用和研究手势。他认为，手势将可以传递思想，因为这是两个女孩之间使用的交流思想的手段。莱佩在 1771年建立了世界上第一个聋人免费的公共教育机构。莱佩开始在自己家中进行这种免费教育，对于家境贫寒的人还可以管食宿。开始时一周上两天课，一度达到过 75 个学生（据巴索娃《聋教育史》），据美国聋人百科全书记载，1771 年莱佩用手势教 30 个孩子，1783 年 68 人，1785 年 72 人，1789 年达到 100 人。他对自己用手势教聋哑人的方法没有保密，而是在 1771 年后连续几年每年向公众演示，使社会了解他的学生。这种慈善性质的事业得到了社会的同情和认可。他作为一名教师，相信自己事业的必要性和公益性。在其逝世前他还在努力编手语词典。到 1789 年莱佩建立的机构才得到国家承认，有的材料称 1790 年在法国建立了国立聋校。莱佩在 1789 年 12 月 23 日逝世，去世前法国制宪会议派代表来看望他，表示了对他付出劳动的谢意并说明革命后的法国将继续其事业，在给他的信中讲到了"祖国承认您的孩子"。在其逝世后（1852）在国立巴黎学院建造了其半身雕像。

莱佩不仅是世界上第一个残疾人特殊教育机构的建立者和领导者，也是公认的聋人教育手势体系的创立者。莱佩认为："我们（指他和其他会说话的人——引者）的语言不是他们（指聋哑人——引者）的语言；他们的语言是手势的语言。"他还应用了夸美纽斯提出的一系列教学原则。莱佩提出了要给聋人在未来社会劳动中需要的智育和德育。为此应寻找到与他们交往的工具和手段，使聋哑人从哑中解放出来并促进对社会语言的掌握。他认为，手势是聋人的母语，是教学和交往的工具，应在此基础上掌握书面文字语言。手势是掌握语言和其他学科的出发点。他认为，仅有聋人自己的手势不够，需要补充其他符号，来丰富手势以表现法语的语法和词法规则。这些手势被称做《方法符号》。他想用这些符号来完成由法文书面语言到手势语的翻译。他的学生希卡尔发展了手势体系，把莱佩的两种符号系统（即表示物体形象或典型特征、个人表情的自然符号和表示方法概念、一般不可用感官直接感受的概念的方法符号）进一步理论化，写了《教聋哑的手势理论》。希卡尔还编写了《表情词典》，开办了各种培训班。这样的结果是手势已不是聋人自己的"母语"了，而变成了一种需要学习的"外国语"了，这套体系没有完全达到莱佩原设想的让聋人学习的目的。

莱佩否定手指语，反对在手势法中使用。莱佩还重视聋校教师的培训，他本身就是最早的专职教师之一。他在努力实现法国启蒙教育家们确立的原则，使教育有民主性，进行集体的课堂教学。莱佩在发展聋教育中的贡献是举世公认的，他的实际经验和工作比其理论和文献的作用更大。但是，他在勇敢地突破中世纪的束缚的同时，受其二元论世界观的局限，在对社会和语言、对手势等认识上有唯心论的影响。

　　法国陆续建立了很多聋校，欧洲其他国家也陆续建立起了聋校。有影响的是 1767 年在爱丁堡由布雷伍德建立的聋校，1778 年由海尼克在德国莱比锡建立了与法国不是一个体系的聋校。奥地利 1779 年，捷克 1786 年，西班牙 1800 年，丹麦 1807 年，俄国 1805 年，美国 1817 年由加洛德特邀请，由法国聋人教师克列克在肯塔基州的哈特佛德建立了第一个常设性聋哑学校。

　　在德国由海尼克建立起的聋校以"纯口语法"的代表而载入世界聋教的史册。海尼克生在一个农场主家庭，经历过普鲁士战争，任过德语老师，受康德和孔迪亚克等人哲学观点的影响，认为听觉比视觉重要，无听觉就没有概念。海尼克在聋教育上的观点可概括为：①视觉（即用手势语）不可能补偿听觉；②抽象的思想和概念用书写或方法符号不能被聋人理解；③用法国的方法聋人学的词和符号很快被忘记。因此，手势不可能使聋人发展，只有口语是聋人思维的工具。于是海尼克把口语作为唯一的教学工具，把表情手势语完全排除于教学体系之外。他把教口语当成了主要任务，甚至宁可损害聋人的发展。莱比锡聋校开始时仅有 15 人，在使用纯口语法中将语言与知识、发展割裂开来，没有达到使学生思维发展的目的。海尼克利用听觉以外的其他感官（如味觉等）来发展口语，还使用了手指字母。"纯口语"由工具变成了教学目的本身了。海尼克对口语的重视有其合理的部分，要求聋人利用口语在社会交往也是对的，在一些教学组织和方法上也有可取的一面，但过于排斥手势，过分强调了"口语"的"唯一"，这是不科学的。

莱佩和海尼克各代表了一个体系，过去称为"手口之争"，即法国的手语法和德国的纯口语法之争。莱佩在世时与海尼克通过信件对此进行过讨论，这个争论一直进行了一百多年，至今仍未平息。

法国盲教育奠基人阿羽依1784年在法国巴黎建立了世界上第一所盲人学校。阿羽依出生在一个农民家庭，从小受教会教育，从事过慈善工作，属法国第三等级，受到狄德罗著作的影响，愿意教盲人读、写和其他学科，研究了很多盲人音乐家的书写方式和数学家桑德森发明的计算工具。1784年开始了有系统的盲人教学，第一所学校由30人很快发展到了120人。1786年出版了著作《盲人教学笔记》，在这里阿羽依论述了盲人教学的任务、内容和方法。这所学校的学生曾在法国革命时上街演奏乐曲、拥护革命，学校被改名为"国立盲人学院"，但法国革命失败后拿破仑关闭了这所学校。1788年阿羽依又出版了第二本书《盲人教育的产生、发展和现状》。1803年被邀请去俄国，帮助俄国建立了第一所盲校，在俄国阿羽依工作了11年，还参加过德国柏林盲校的建校典礼。由于阿羽依支持过法国革命，他由俄国返回后受到当时反动的盲校校长刁难，不许其在盲校任教。至其死前才被允许到校参观。

阿羽依认为盲校的基本任务是：每一个有盲人家庭以及社会政府的责任是努力向这些不幸的人给予教育，使他们可用自己的劳动获得生存的资料。在阿羽依1806年11月29日给俄国政府教育部长的信中明确提出：①应给盲人从事工作、摆脱赋闲、去掉坏习惯的可能；②归还社会（盲人）健康的手；③给穷困（盲人）生存的源泉以摆脱慈善救济和贫困。阿羽依的观点中有进步作用的是确定了劳动在盲人生活中的作用，不仅要求教给盲人知识，还力图解决盲人的职业教育问题，以补偿盲人的个性缺陷。阿羽依还提出了由国家教育盲人、进行盲人义务教育的思想。他在教学过程中制订了学校教学大纲，除了主要教盲人读、写和算术外，还教给学生地理常识、读凸起的地图、地区定向、手工和音乐。在教学方法上除了用口语传授外，还用铁丝制作几何图，用桑德森计数板，用布、绒等剪下贴成凸起的地图等直观教具。书写主要是用凸起的线状拉丁字母，这在当时是起了作用的，但是不方便，不经济。阿羽依还重视了教师的作用，他要求老师重视道德品质，成为对盲童严格要求又善良的人，要求理解和热爱盲童，同时要有足够的科学知识和会手工劳动。但是，由于阿羽依所处时代和地位的局限性，他建议盲校分为两种类型，一种是为有产者的子女，让他们从事科学、文学和艺术，一种是为穷人的，让他们可以挣钱吃饭就行了。

解决盲人书写和阅读问题的是巴黎盲校的一名毕业生布莱尔。布莱尔生在法国一个农民手工业者家庭．从小因外伤使眼失明，失明后向父母学习过音乐、皮匠等，显出其聪明。1816 年进入过普小，1819 年到了巴黎盲校。由于布莱尔理解力强，不满足于学校仅有的少量用布粘贴的图书（包括地图）。1821 年受一位法国下级军官介绍的军队在夜间用凸点符号传递命令的启发，研究了用凸点的不同排列组合代表字母，将点的总面积缩小在手指间可触及的范围内。于是他确定了以 6 个凸起点，分上下 3 排，每排 2 个的不同排列表示法文字母。1827 年布莱尔毕业后留校任老师助手，1829 年提出盲文方案。但由于这是一种改变原教法体系的新事物，受到了一些教师（主要是明眼人老师）的反对，学校也没有支持。但此方案受到了盲人学生的欢迎，一些学过此方案取得成功的盲生在社会上宣布了此事，引起了社会关注。后来学校才允许试用并进一步取得了支持。在布莱尔死后的 1873 年得到了国际盲教育会的承认，1879 年在柏林的一次国际会上决定把布莱尔发明的盲文，包括书写工具用于盲校教学。1895 年国际社会决定以布莱尔来命名盲文，以纪念这位给世界盲人教育带来方便读写工具的盲人。至今很多用拼音文字的国家把盲文点字叫做布莱尔。

1791 年英国在利物浦开办了盲校，1804 年奥地利建立了盲校。1806 年在法国、1807 年在俄国、1808 年在荷兰、1811 年在丹麦、1829 年在美国马塞诸塞州分别建立了盲校。美国的这所盲校原名新英格兰盲人养育院，即现在世界著名的柏金斯盲校。

另一种重要类型残疾人的教育学校——智力落后儿童教育学校也相继在欧美建立。瑞士教师、医生古根比尔 1840 年在风景秀丽的山区办了一所专门收容克汀病人和智力落后的人的收容院性质的学校，该校得到了各方面捐赠。古根比尔认为高山气候有利于孩子，并认为 900 米以上地区很少会有克汀病人，所以他把这个教育机构建在了 1100 米的高山上，还在学校建立了公园、游泳池等设施，聘请了医生、教师。学校成了样板，接待人们参观访问，虽然对智力落后者的教育有进展，但社会活动减少了教育工作，后来在 1867 年被关闭。而在智力落后教育学校中影响大的机构和人是法国人谢根。谢根出生在医生家庭，是位神经精神科医生，是艾思基罗尔的学生与依塔尔很接近，爱好哲学，受圣西门观点的影响很大，后来终生从事智力落后儿童教育，成了教师。1837 年谢根受艾思基罗尔委托利用依塔尔的经验对一个 18 个月的白痴男孩进行个别教育，取得了成功。开始仅是在精神病院中对少数智力落后儿童进行教育，后来建立了专门的儿童部，1839 年谢根被任命为该部主任。谢根与艾思基罗尔在这年共同写出了 14 个月工作摘要，论述了发展智力落后者智力的成就，认为他的病人可以更好地感受世界，可以有记忆，学会比较、说话、写和算。谢根反对墨守成规，努力改善儿童的生存条件，与精神病人完全分开来接受教育。谢根遭到了一些守旧派人士反对，得罪了行政领导，被迫离开医院，并组织了私人的弱智学校。他向法国科学院申请组织专人对其工作和经验进行鉴定和评价，后经专门委员会鉴定得出了结论，认为谢根的工作很有成果，可以继续其成功的教育方法的实践并重新让谢根工作，这事发生在 1842 年 10 月。在 1846 年谢根发表了对后世智力落后教育有巨大影响的经典之作《智力不正常儿童的教育、卫生和道德训练》，但此书被当时一些人认为是空想，受到冷落。1848 年谢根只好离开法国来到了美国，在美国受到了欢迎。美国利用了谢根及其经验发展了美国的智力落后教育，建立了智力落后学校。谢根也在美国进一步研究和实验了其教育方法——生理学方法。1876 年在美国成立了至今在世界上有重要影响的美国智力落后协会，谢根担任第一任协会的理事长。1880 年谢根逝世前一个月还与其妻制订了各类残疾儿童学校的计划，把学校命名为《生理学学校——未来学校》。

谢根认为每一个人，不管其是多么虚弱，他都有权不受歧视地生活和对待自己。他认为人的最大幸福是感到自己在社会人群中是一个人，是一个可给人们带来利益而不是多余的人。这种人道主义的观点支持了谢根的工作。他在反对前人对智力落后的纯智力观点的同时又过分强调了纯意志的观点。谢根认为智力缺陷是由于意志方面的损害。他认为，意志是人的全部行动和能力的杠杆，意志障碍是最主要的缺陷。谢根把智力落后理解为一种神经系统的紊乱，其表现为儿童全部或部分器官与能力的少动和缺乏意志。因此这使重度落后儿童的活动完全依赖于其本能。典型的智力落后是一种什么也不知道、什么也不能够、什么也不愿意的人。体力上他不能，智力上他不知，心理上他不愿。如果他愿意，他就可以做、他就可知道，但问题就在于首先他不愿意。

谢根认为应该对智力落后儿童做已经对聋童和盲童所做的一切，即给他们以学习和参加劳动的可能。教育的任务是把智力落后儿童引出其所处的惯性状态，使其与外部世界联系，最终使其能力发展，训练其生产劳动习惯，可以使其自食其力，不是社会负担，成为对社会有益的人。一个半世纪以前谢根提出的这些任务到今天仍有参考价值。

谢根把自己的教育体系叫做生理学。其理由是他认为，在教育过程中应使神经系统结构发生变化，使其健康化。这一点是他的假设，至今在科学上和解剖上还未能证明教育使神经系统发生变化。谢根认为，在教育中对智力落后儿童不似对聋、盲儿童那样用另外的途径来认识世界，只是调节感官的使用，使他们积累概念，使其思想、愿望更丰富。要发展他们的感知觉，使他们学会看和听，进行感觉器官"体操"训练，逐渐变成智力体操，使其神经组织改变。

谢根吸收了哲学、心理学、生理学、卫生学等方面的成就，制订并实行了使教育更有效的原则、顺序、手段以及对教师的要求。例如，他为了克服儿童不良的惯性状态而去从事有益的劳动，在其教育机构内建立了良好的生活条件，制订了关于宿舍、服装、饮食和生活的制度，其具体内容对今天已不合适，但他注意到智力落后儿童生理和心理状态、创造使儿童接近劳动的条件、一切手段保证完成最终目的等原则还是适用的。谢根还确定了很复杂的练习体系，这里包括运动方面、感觉器官、智力活动、意志方面，广泛利用了模仿的方法。因为谢根很重视儿童良好习惯的养成。他认为"习惯是第二天性。而白痴（即各种程度、各种类型的智力落后——引者注）——几乎全部令人厌烦的症状——并不是先天的产物，而主要是习惯的结果……

谢根的工作后来被一些人发展，特别是意大利的蒙泰梭利改造和发展了感觉运动训练的方法。这种训练已在世界的特殊教育中广为传播。

谢根在世界，特别是美国的智力落后教育学校发展中起了巨大作用，但其在过分强调生理学、强调意志论等方面有其历史局限性。

美国在1848年由豪创建了智力落后教育机构，1855年在丹麦、1859年在德国、1864年在英国、1882年在俄国也纷纷建立了智力落后学校。德国开始是在普通小学中有留级生。留级会增加学费，开除会给社会增加负担，于是在小学中出现了补习班，后改成了辅助班，最后到建立为智力落后儿童的辅助学校。这个名称传到了俄国，几乎近一个世纪在俄国等国家把智力落后儿童学校叫做辅助学校。

1832年德国的库尔茨在慕尼黑建立了肢体残疾者的专门学校；法

国在 1845 年、英国在 1851 年、美国在 1861 年、丹麦在 1872 年、俄国在 1892 年都建立了肢残者专门教育机构。

行为不良者的学校 1817 年在法国出现，随后在德国（1819）、美国（1825）、英国（1840）也分别建立。

在 16 世纪时西班牙提到了聋幼儿的教育问题，1888 年在美国出现了聋幼儿园，1900 年在俄国也出现了聋幼儿园。1861 年在德国建立了盲童幼稚园，1887 年美国也有了盲幼儿园。1864 年在美国还建立了专门的聋人大学——加洛德特大学。

在将近一个世纪的时间内，在工业先进的国家已建立了从幼儿园到高校的、各类残疾的特殊教育专门的学校。这种特殊教育学校在世界上成了教育残疾儿童的一种普遍的组织形式，在人类发展的历史上，在各个国家和地区的特殊教育发展上起了进步的作用。主要表现在：

1. 开辟了使较多残疾人受到教育的途径，使残疾人的社会平等地位和做人的权利得到了体现，改变了仅是社会上普通人就可以到学校受教育的局面。教育为残疾人走向社会平等提供了可能性；

2. 特殊教育学校培养了一批残疾儿童，使他们得到了较好发展，发挥了他们的才能，通过自己劳动为社会增加了财富、做出了贡献，甚至出现了一些世界知名的人物，如布莱尔、海伦·凯勒等。特殊教育的实践和经验进一步验证了残疾儿童应该和可能受到教育，证明了残疾人也是推动社会进步的积极力量；

3. 积累了教育和训练残疾儿童的经验，总结了有普遍意义的特殊教育理论、内容和方法。18 世纪后特殊教育学科形成的奠基著作均出自特殊教育学校创办人之手。特殊教育逐渐形成了相对独立的交叉和边缘学科，为人类的文明史增加了新的内容。特殊教育学校在不同制度下虽在性质、目标、内容等方面有所改变，但其基本组织形式和培养残疾儿童的作用相对稳定地保存了下来。

四、特殊教育的发展

（一）受特殊教育人数和学校数量的发展

由于特殊教育学校的建立适应了社会发展的需求，因此在很多国家纷纷成立了特殊学校。例如，在 19 世纪末 20 世纪初统计一些国家聋校和师生数量如下表：

国别	聋校数（所）	教师数	学生数	调查年份
法国	65		3894 人	（1907 年）
德国	89	829 人	7226 人	（1909 年）
奥地利	38	277 人	2339 人	（1901 年）
比利时	12	181 人	1265 人	（1901 年）
丹麦	5	57 人	348 人	（1901 年）
意大利	47	234 人	2519 人	（1901 年）
荷兰	3	74 人	473 人	（1901 年）
挪威	5	54 人	309 人	（1901 年）
葡萄牙	2	9 人	64 人	（1901 年）
俄罗斯	34	118 人	1719 人	（1901 年）
西班牙	11	60 人	462 人	（1901 年）
瑞典	9	124 人	726 人	（1901 年）
瑞士	14	84 人	650 人	（1901 年）
加拿大	7	151 人	832 人	（1910 年）
美国	145	1673 人	12332 人	（1910 年）

根据华林一著《残疾教育》，商务印书馆 1929 年 10 月出版，第 5—11 页资料整理。

再比如智力落后儿童的学校在德国发展的也是很快的。德国建立智力落后的辅助学校后，到 1893 年已在 32 个城市建立了 110 个辅助班，有 2290 个学生；1900 年设辅助班的城市已达到 90 个，学生超过 8000 人；1904—1905 年间在 143 个城市有 230 所辅助学校，学生 15000 多人；1907—1908 年 211 个城市 324 所学校 21510 个学生；1911 年学生超过 32000 人，1913 年超过 43000 人，1916 年辅助学校达到 454 所。

由以上这些数字可以看出特殊教育在工业发达国家的普遍的、迅速的发展。

但是，在这些发达的工业国家也存在着不同的认识和发展的不平衡。例如，在柏林，由于认为建立辅助学校是一种耻辱，说明在发达的柏林城中有智力落后的人，因此迟迟不开办辅助班和辅助校。直到 1911 年才在柏林开办了辅助班。在美国有的州认为落后是社会罪恶的根源，他们是反社会的，是一切社会问题的责任者，是社会寄生虫，对社会构成威胁，为了给这些"潜在罪人""消毒"，切断了这些人的生育能力，1907 年美国印第安纳州就有过这种法令。自然，这对该地区的智力落后教育的发展就有了消极影响。

（二）受特殊教育儿童残疾种类的增加和组织形式的发展

最初建立的特殊学校都是单一、较重的残疾，如聋、盲、落后等。由于普通儿童和这些残疾儿童的入学，那些有两种或两种以上残疾儿童的教育问题就被提上了日程。

例如，在德国的德累斯顿盲校对又盲又智力落后的人开始了教育并研究了他们的身心特征。这批盲教育专家在盲校的智力落后盲教育部门中观察了这些孩子，认为：①几乎所有的智力落后盲人不会利用自己的感觉器官，有耳不能听，有手不会摸；②典型特征是对外界事物消极淡漠，个别人好动；③注意力不集中；④不可平稳连续进行智力活动；⑤记忆差，背诵诗困难；⑥难于掌握空间定向；⑦模仿的能力极差。虽然智力落后盲童有众多的困难，他们仍认为应该和可能教育与训练他们。对这些儿童安排了实际劳动课，一周达 38 课时，教他们穿衣、游戏、泥塑、编织等等。要求老师应知道智力落后盲童的心理，进行所有的教学均应有直观实物，激发和培养这些儿童对周围事物的兴趣，还要经常复习和巩固已教给他们的知识和技能，要多运用引人入胜的游戏。特别强调了要小心地对待智力落后盲童，不应吓唬他们。

在这个城市的聋校还依聋童的智力分班，对能力不同的人，特别是智力落后的聋童（当时占学校聋生的 15%—20%）在教学内容和方法上与其他学生有所差别。

对于在感觉器官损失了两个（视和听）的盲聋哑儿童的教育也有了成功的尝试。1900 年德国调查在 6 千万人口中盲人 34 000 人，聋人 49 000 人，又聋又盲的 340 人，即 145 个聋人中有一盲聋人；瑞典有人统计在 2 100 个聋人中有 90 个盲聋人。因此欧美发达的国家都先后开展了这项工作。美国柏金斯盲校的豪博士在 1837 年教育了一个盲聋女孩劳拉·布里奇曼，布里奇曼 2 岁时因病失去视觉和听觉。开始时她随母亲用手摸弄落入手中的一切东西，渐渐熟悉了物体的形状、硬度、重量和温度，后来又触摸母亲的肩和手，了解母亲的工作并加以模仿，甚至学了点缝纫和编织。在学校中，豪博士让她触摸日常生活用品并在物品上用凸起的英文字母标签拼出名称。开始时布里奇曼不懂标签上弯弯曲曲凸起线条的意义，后来发现了各个物体上的弯曲线条各不相同，标签可以与物体分开，但某一部分标签又固定与某一物体联系，标签中的线条（即英文字母）也可以分开，可以有不同的组合。经过从简单到复杂的长期练习，布里奇曼学会了英文书面语并用此表达自己的愿望和思想，后来又学习了英文聋人手指字母，利用触觉代替视觉、听觉来学习语言，学会了"写"日记。英国著名作家狄更斯在1842年访问美国时曾与布里奇曼见面，并在其作品中生动地记录下了这段经历，认为豪博士做了一件伟大的工作，把像在坟墓中的一个毫无希望的盲聋儿童变成了一个缝纫工。豪博士等人的经验被整理和公布，后来由安妮·沙利文（柏金斯盲校毕业生）用到了著名的盲聋女作家海伦·凯勒的教育上，对海伦·凯勒的教育取得了更大的成功。海伦8岁进入柏金斯盲校，10岁开始学发音说话，经过教师帮助和自己努力，克服了盲聋哑障碍，学会了读书、写作和说话，能当众发表演讲，成了当时著名的活动家。24岁时以优异成绩毕业于哈佛大学拉德克利夫女子学院，掌握了英、法、德等5国文字，写过14本书，其1902年出版的自传体文学著作《我生活的故事》被译成多种文字出版，成为当时文学上的重要杰作之一，流传至今。海伦·凯勒的名字成了鼓舞残疾人前进的旗帜，用其名字命名的国际组织和活动专门为各国各地区盲、聋儿童教育和福利而工作。另一位又聋又盲在世界知名的女学者斯科罗霍多娃是苏联人，出生在乌克兰，5岁后因病先失明后失聪，在盲校中受到索科良斯基教授的专心培养和指导。索科良斯基用了不同于美国的方法，教会了斯科罗霍多娃盲文、手语，又恢复和发展了口语，开始了文学创作，她写的文章和诗歌受到了作家高尔基的鼓励，二次大战后她到莫斯科缺陷教育研究所工作。其著作《我怎样理解和想象周围世界》被译成十多种文字出版。1923年索科良斯基就建立了世界上唯一的专门培养盲聋哑儿童的教育和医疗结合的学校医院，至今在俄罗斯的莫斯科近郊扎戈尔斯克还有这样一座盲聋哑人教育机构，培养的不少学生考入了著名的莫斯科大学。在俄罗斯逐渐形成了特殊教育学的一个分支——盲聋哑教育学。

在特殊教育的发展中还有另一种进步，这就是同一类型的残疾但程度不同，在教育中要区别对待。例如，美国的贝尔认为利用扩音设备可以使有残余听力聋儿更好地学会说话，他在1883年就和加洛德特大学校长争论过这个问题，在1890年成立了专门促进聋人学习口语的协会，现名贝尔聋人协会。贝尔本人又是发明家，在助听仪器上有很大贡献。这使得把聋和重听要区别开，在使用教学手段和内容上要有所区别。在盲教育上很早就有人（维也纳的眼科医生）提出有剩余视力的儿童不应该和盲人在一起学习，需要给他们以特殊的条件。1892年在阿姆斯特丹试办过两个低视力班，但很快就关闭了。在1894年丹麦的一个会议上和1898年布达佩斯的一个会上又提出了组织低视力班的问题，1902年在布鲁塞尔的一次代表大会上再一次提出了盲和低视力分开教学问题，但都未取得积极成果。真正办起了"保护视力"的盲人班是在英国，1908年由医生戈尔特曼成立了"近视学校"（包括由盲校转来的有残余视力的盲生）。同年在英国召开了总结保护视力班的大会，很多国家派代表出席了会议。随后在德国、美国等也开办了这样的低视力班。当然，由于认定低视力的标准各国不统一，各国交流上就有一定困难。对待低视力班使用学生视力的看法也不相同，有的要求加大照度多使用视力来完成大纲教学要求，有的认为应该多保护视力，不要在学习中过多使用。不管有什么分歧，把视力损失程度不同的儿童分开来，依据各自特点进行教学是一种特殊教育上的进步。对不同类的孩子开办特殊的班级，这既是区别对待上的发展，同时也是在教学组织形式——学校之外的一种发展。下面我们引用美国建立第一个特殊班的时间表来进一步说明这个问题。

类型	成立年代	地点
聋特殊班	1869	波士顿
男流浪儿特殊班	1874	纽约
智力落后特殊班	1896	普洛维登
盲特殊班	1896（或1899）	芝加哥
肢残特殊班	1899（或1900）	芝加哥
言语缺陷特殊班	1908	纽约
肺结核早期和营养不良特殊班	1908	普洛维登
癫痫病儿特殊班	1909	巴尔的摩
低视力特殊班	1913	克里夫兰和麻省的洛克斯堡、林市（麻省）
重听特殊班	1920	罗切斯特

（三）特殊教育教学体系和方法的发展

在聋教育方面，随着时间的推移形成了互相对立的两个教学体系，又被称做二种方法，即用口语教学的德国体系和用手语教学的法国体系。两位代表人物有过讨论和争论，但没有任何结果。1880年在米兰召开的第二次国际聋教育大会（第一次1878年在法国巴黎召开，第十八次在以色列的特拉维夫召开）通过了米兰会议决议，使口语法在会上暂时取得了胜利。由会议主席古里欧·塔拉和秘书弗那尔在1880年7月签署的这份决议共8条，前两条是："①会议以无可争辩的优势一致认为：聋哑儿童最终应以会说话而不是运用手势与正常社会交往；要给他们以足够的语言知识。指出：聋哑儿童的教育教学中口语法优于手语法。②会议认为手口同时使用会给发音、唇读和对思想的准确表达带来不利的损害。指出，纯口语法为最佳。"口语法拥护者认为米兰会议是口语法的一次胜利；但手势法的拥护者，特别是美国代表不服。美国代表认为，会议共有164个代表，意大利代表87名，法国代表56名，英国代表8名，其他国家代表8名，美国仅有5名，而这5名代表了51所聋校和6000多名学生，他们拥护手语。前美国加劳德特大学校长梅里尔1981年在罗马庆祝联合国残疾人十年的会上说："自1880年米兰会议以来，聋童教育在哲学认识和方法上存在着深刻的分歧。有一些职业教育家坚持主张'纯口语法'，而另一些人则主张用手势。两种主张都不是没有道理的，但都缺乏调查，即他们争论之点是以简单的逻辑为根据，而不是以证据为根据；它们以互相排斥而存在，而又不对自己的效果进行评价。这种未得到进一步阐明的在聋人教育中的口语和手势之争超过了一百年而无任何结果。"梅里尔把这个时期叫做"混乱的过去"，而把当前称做"令人鼓舞的现在"。他说："今天，不管是用口语法或用手语法教育聋童，重要之点在于他是否真正学到了东西。"不过就在这个会上，美国聋人代表跳上台去，反对在决议中写上口语法。二战后在欧洲和一些国家实际上更多使用的是综合交际法，即使用聋人可以使用的各种手段使他们学到应该学到的东西。这当然包括口语、手语、书面语、表情和可使用的现代助听等技术设备。

19世纪后半期到20世纪初盲教育在德国和法国形成了两个不同的方向。德国当时有33所盲校，由国家接管。当时整个德国的教育要求给人民一些知识并尽快参加劳动影响了盲教育，主要依靠盲人的触觉。当时认为，盲人是特殊的人，学校任务是多给盲人能力，只有能力才可促使盲人表现个人的道德。把教育分成三段，5—9岁、9—15岁和15岁以后进行3—4年的手工劳动训练。学校认为只要培养他们成为能够靠自己劳动生存的独立的人就行了。在学校中加强了感觉器官的训练，在一周的 34 课时中有 27 课时包括了这种练习。强调了应用直观原则的基本方法：①每次只给盲童出示适当数量的物体；②给盲童足够的时间来触摸和研究物体；③对物体的直观了解应是全面的；④不要仅依赖于盲童入学前的知觉和表象；⑤在学生触摸了解物体之后还应让他们自己制造或在上面加工，以加深对物体的了解；⑥在直观研究物体后应进行口头描述的练习；⑦对已获得的直观表象应不断更新。这些对直观的要求和方法对今天仍有参考价值。

法国在当时有 24 所盲校，除了一所国立的其余都是人数在十几个人的小的私立学校。主要盲教育的专家是由富裕家庭出身的后天盲人，他们依赖自己的经验来解决问题并应用到先天盲人身上。他们强调的是盲人的听觉，认为认识的唯一可信的源觉是理性，感知常常欺骗盲人，听觉是盲人更喜欢和比视觉更重要的。同样认为教育盲人的最终目的是培养他们独立生活，教会他们在社会中交往，养成卫生习惯。他们提出"让知识之光代替盲人的太阳之光"。他们反对直观而重视朗读，"你不能把埃菲尔铁塔搬到教室来"。一位参观者描述这个机构说："在这个机构的院墙内早已确信，声音的世界对盲人在大多数情况下是最可接受的。"法国对盲童的未来出路做了两种安排，高级的可以从事律师、历史、文学、音乐等，一般的从事体力手工劳动。法国仅允许低年级有 10%—15% 的明眼教师，认为"只有盲人教师才可懂得盲人"。这一方面重视了盲人教师在盲教育中的作用，另一方面又过于估价了这种作用，过多排斥了明眼教师。

两个方向各强调了触或听的一个方面，把二者对立了起来。

智力落后教育中也有很多研究和发展。例如，德国在有轻度智力落后学校后又有了重度的慈善性质的私立训练和养护机构，19 世纪末这类养育孤儿院已收到一万人。20世纪初有了智力落后教育体系：①3—7岁入智力落后幼儿园；②8—14岁入五—六年制的辅助学校，全日制；③寄宿制辅助校招收需治疗的有精神病的智力落后者，国立和私立的均有；④以医疗为主的医疗教育机构，收16岁以前的孤儿；⑤三年制辅助职业学校，进行职业培训；⑥超龄智力落后者的教学劳动公社，招收没有进过辅助学校的智力落后青年，进行手工或农业劳动教育。在这个相对独立的体系中还有一些规定，根据学生情况可以转入普通小学或者经过委员会研究把跟不上班的学生转入预备班，由有经验老师在每班18个人的情况下进行辅导，一年后决定转回普小或进入辅助学校。

1899年吉金格尔（Зиккингер 1858—1930）在经过了自己多年领导曼格姆学校和区分教学实践后提出了区分教育的思想和曼格姆体系。吉金格尔认识到在一个学校中学生的能力和情况不全相同，同一个普通学校不能保证所有的孩子都能很好地结束学业。他认为在学校中应建立三组平行班级：①基本班。在这些学校中正常儿童按照普通学校大纲进行教学。学习年限为8年。②改善班或促进班。这些班的学生由不适应基本班学习的学生转来，学习7年，教学大纲缩减一些，最后一年加强实践作业和技能训练。每个班30人。在这个部分的每一个年级中还依能力分成甲、乙两个小班，弱的进甲班，强的进乙班。有时这些课两个班在一起上，有时德语和算术每个小班单独上。③辅助班。学生是在促进班学习有困难并经校医检查确定为智力落后的人，学习期限为6年。

这个体系在20世纪初的德国30多个城市被普遍采用。这个体系逻辑性强、灵活又严格，根据了"依照每个人的力量和可能"的原则来分班，照顾到了个人的水平和需要。但是在执行中常使一些教师不负责任，成绩差的就让转班，而当时下层人民的生活和学习条件不好，进差班的人就多。在这个体系中差的学生占到 10％－12％，比当时该地智力落后学生的比例高出 4 倍。这些都引起了争论，把学生的教育和教学分割开来并形而上学地对待，曼格姆体系虽然还传到了外国，但没能够长期存在下去。

在智力落后的研究和发展中值得提出的是智力测验的出现。各门学科的专家从各个角度描述过智力落后的特征及下过定义，但是都满足不了社会发展的需要。20 世纪初法国为了测定智力的需要，委托心理学家比奈和医生西蒙研究什么是智力落后、形式和判断方法。他们按智力落后分成三种程度的观点分别下了定义和说明了特征。①最重程度的白痴由于不能用语言与和自己相似的人交往，即不能表达自己的思想和不能听懂别人用语言表达的思想，如果这种假失语症既不能用听觉损害、也不能用语言器官损坏解释，就应属于智力缺失。②中等程度落后的痴愚应是不能用书面语与类似自己的人交往，不能用书面语表达自己的思想和读别人写的或印刷的东西，准确说是不会阅读。如果这种不掌握语言或掌握不足没有任何视觉障碍、任何手的运动麻痹，而应完全属于智力能力缺陷。③轻度落后的愚鲁是可用书面语和口语与类似的人交往的所有儿童，但在自己作业的过程中发展晚 2—3 年，如果这种迟缓不是由于不正确教育所造成。这是用言语作为交际能力的单方面的标准所下的定义。他们还认为，白痴的发展最高是正常 2 岁以下的水平，痴愚达到 2—3 岁的水平，愚鲁要比同龄的落后并在抽象思维上困难。1896 年他们公布了心理测量的第一个方案，后来几次修订，到 20 世纪初制订了适合 3—11 岁儿童的 30 个测验项目，后将题目增到 59 个并按年龄分组，这是世界上第一个年龄智力量表。在这之后很多国家采用、修订当地标准和制订心理各个方面能力和个性的测验。这些工具在各国判断智力落后和进行教育上起了重大的作用，把看来难于准确判定的状况用数量化的标准表示出来。但是在这个过程中也有过曲折。1936 年苏联的联共中央做过关于"伪儿童学"的决议，批判智力测验的方法。这是因为苏联在发展特殊教育时在判定智力落后上盲目地、机械地使用了西方的方法和工具而没有考虑当时当地的情况，因此用西方的工具和尺子量苏联城乡的孩子，并依此判定智力落后。结果是"智力落后"儿童大量出现，把"智力落后"扩大化了。苏联把这种情况归罪于使用的工具并加上"资产阶级""反科学"的帽子。这种情况在苏联解体后有所改变。使用工具不当或工具不准、不适合当地情况的教训值得研究和汲取。

在这个时期社会各个学科都关心特殊教育，不管是医学、生物、物理、技术，还是社会学、心理学等都与教育联手帮助残疾儿童。这就形成了综合、交叉性的各个学科。20 世纪以来的康复发展就是证明。作为第三医学的康复医学的广义概念，也就是"大康复"概念中包括了用教育手段使残疾人功能达到最佳的发展水平，出现了教育康复。特殊教育中的早期干预、职业教育都有很大发展。

特殊教育从一出现就有其国际性，因此各个国家和地区建立了很多群众性和学术性的组织，包括国家的特殊教育科研机构。召开了各种国际会议，联合国和其有关组织也专门讨论过特殊教育、发表过各种权利宣言。从 1778 年开始的国际聋教育会议一直顺序排到现在，2000 年在澳大利亚召开第 19 届国际聋教会，这是在其他学科中很少见的国际会议。

（四）亚、非、拉地区特殊教育的兴起

上面回顾的特殊教育的产生和发展主要是在欧美的工业化国家。在经济上发展晚和政治上逐渐独立的亚洲、非洲、拉丁美洲广大地区

的特殊教育发展也较晚，这是可以理解的。在殖民地、半殖民地广大地区人民连生存权还成问题的时候，特殊教育的独立发展就不可能提上日程。

在亚、非、拉地区独立的国家一般比西方晚了100年才开始建立特殊教育学校。例如1878年京都"盲哑校"正式开课，一直到1900年进入20世纪时日本有特殊教育学校11所，其中国立、公立各1所，私立9所。到第一次世界大战后特殊教育学校发展到74所（其中私立65所）。日本侵入中国东北的1931年时有盲校77所、聋校59所，这两种学校国立的仅2所。1945年盲校75所，聋校61所，国立的仍为两所。1949年除盲聋校外开始有私立养护学校（为肢残、智力落后、病弱儿童设立的学校）。到1960年盲校78所、聋校105所，养护学校86所，全部学校中国立5所、私立10所，其余为公立。到1970年时盲校75所，聋校108所，智力落后学校101所，肢残学校98所，病弱儿童学校40所。智力落后学校等养护学校发展很快，到1977年分别达到244、132和78所，基本都是公立的。另有特教班21325个。到1977年学生数已达到盲校8579人、聋校12673人、智力落后学校23768人、肢残校17267人、病弱学校5356人。专职教员分别为：盲校3232人，聋校4744人，智力落后校7120人，肢残校5782人，病弱校1874人，另有特教班教师24027人。1991年特教学校960所，学生91534人；特教班21 280个，学生74 267人。

在英联邦中的国家如澳大利亚、新西兰等在19世纪末开始了正常小学的义务教育，相应的特殊教育学校也开始建立。在一些殖民地、半殖民地的亚非拉美地区国家，随着宗教势力和西方文化的进入，有的地方由外国传教士在19世纪末20世纪初建立了盲校或聋校。但是对绝大多数的亚非拉美国家特殊教育发展仅仅是第二次世界大战后的事。

1950 年后联合国教科文组织才在非洲推广盲文书写工具——布莱尔盲文。肯尼亚 1946 年建立盲校、1948 年建立智力落后学校、1959 年建立聋校。埃及在 1933 年出现了盲人受教育的学校，1938 年分别建立了聋女校和聋男校，1952 年埃及革命后在盲校中建立了职业教育。尼日利亚 1948 年后才出现了特殊教育机构。1945 年加纳有了盲和肢残教育，1957 年政府建立了特教机构。1946 年由韩国人在大邱建立了民族的大邱盲哑学校。菲律宾 1907 年建立了第一所盲聋校；1945 年建立了肢残校；1953 年建立了智力落后校。泰国 1939 年由美国人开始在曼谷教盲童，后成立了今天的曼谷盲校。1912 年斯里兰卡出现了第一个宗教办的特教机构。新独立的老挝、巴勒斯坦的加沙地带等在最近一些年陆续建立了少量的特殊教育机构。拉丁美洲的巴西在 1854 年出现过一个有盲人学生的学校，但特殊教育没能很好发展起来。乌拉圭 1910 年出现了语言障碍的教育机构，1927 年出现了特教班，1930 年出现了智力残疾的教育，1934 年有了情感障碍的教育。在大洋洲除了澳大利亚、新西兰的特殊教育较发达外，巴布亚新几内亚等国家在独立后也发展起了特殊教育，到上世纪 90 年代有 118 个残疾学生（包括听觉障碍 48 人，视觉障碍 34 人，肢体残疾 18 人，智力与情感障碍 15 人，多种残疾 3 人）在小学中受到教育。

在二次大战以后，特别是近二三十年来，随着民族独立国家的出现和经济的发展，在欧美之外的广大地区也是残疾人数最多最需要特殊教育的地区特殊教育有了发展。

综观世界特殊教育的产生和发展，我们可以看到如下的共同点：

1. 残疾人特殊教育的出现与社会的经济发展有密切的关系，但是又不是完全成正比的关系。社会上统治者和人民对残疾人的态度和法律规定的以及残疾人实际所处的地位与特殊教育的产生密切相关；

2. 哲学、科学、教育学、心理学以及人道慈善等学科和事业的发展为特殊教育的产生打下了基础；

3. 特殊教育学校的出现多是先私人（有很多是教会先办的）后公立再国家；先盲聋等感官缺陷、易鉴别的残疾，后智力落后和其他残疾；先单一缺陷后两种或多种综合残疾；先是重度的残疾，后再分化出轻度和边缘的；先是抚养、个别关怀，后是系统教育；先是医生关怀、诊断训练，后是医教结合或教育关怀以及多学科的全社会参与的系统工程；

4. 国家的法令，特别是普及义务教育的法令（含特殊教育或单独的特教法令）在特殊教育的产生、发展和提高教育层次上有决定性作用；

5. 欧美工业发达国家的特教发展早于发展中国家；但发展中国家的发展速度常常是很快的；

6. 教育组织形式多种多样，有学校，有特教班，有在普通学校就读，但总的都是依据当地的社会发展需要和残疾儿童的具体情况决定的；

7. 特殊教育一产生就有国际性，他们互相学习和交流，很多学校的创立是由外国人来帮助的。

第二章　特殊教育的理论基础

特殊教育作为教育学的一个组成部分，像其他学科一样在其历史发展中有其哲学理论基础，也就是特殊教育学科概念、原理的体系或者是系统化了的理性认识。各个国家的不同学派，在不同历史时期的哲学思想不同，但客观上都有其理论基础。特殊教育与普通教育有共同的哲学理论基础，又有其特殊的理论基础。这些理论或理性认识要帮助解决如下问题：什么是特殊教育？谁是特殊教育对象？如何认识和对待特殊教育的对象？如何确定特殊教育的目的、任务？如何鉴别特殊教育的对象？如何进行特殊教育？用什么样的组织形式和方法进行教学？使用什么样的手段和工具、设备来进行教学？如何认识特殊教育各个方面与普通教育的共性和特殊性等等。从历史发展上看，很多学者从自己的哲学世界观和方法论出发，对这些问题或其中的一个问题做过不同的解答。有很多解答符合事物客观发展的规律，对今天仍有现实意义；但也有很多学者由于历史和阶级地位的局限性，对一些问题的解答是不科学或不完全科学、不客观或不完全客观的，在历史上起了不好的作用或有限的进步作用，其中一些不正确观点仍影响着今天人们对特殊教育的认识或阻碍特殊教育的发展。

通过观察特殊教育的整个历史发展，可以发现各个国家和学者的理论基础有两个组成部分：一个是与普通教育相同的哲学世界观和方法论，这是人们认识特殊教育和进行特殊教育活动的总的理论基础。

前一章中我们谈到过的从亚里士多德、柏拉图到夸美纽斯、斐斯泰洛齐、洛克、卢梭、欧文、圣西门、傅立叶、狄德罗以及康德、孔狄亚克等等的哲学思想都既为普通教育、又为特殊教育奠定了基础。另一个是与普通教育不完全相同的、在其哲学思想指导下的相关学科的具体理论，如有关心理学、医学、社会学、物理学等方面的理论以及特殊教育的基础理论和思想。如冯特、皮亚杰、谢切诺夫、巴甫洛夫、蒙泰梭利、贝尔、莱佩、海尼克、比内、谢根、阿羽依等人。

国外特殊教育的理论观点可以列举很多，但基本可以分为两大类。一个是西方国家的理论，可以用美国为代表。另一个是苏联的理论，俄罗斯继承了其先辈的大部分理论。

一、西方特殊教育的理论

在西方的哲学传统中，唯心论和实在论在历史上一直进行争论。第三种较年轻的传统是实用主义。这三种哲学中的每一种都是一个相对完整的体系，他们在哲学的三个领域（本体论、认识论和价值论）以及其基本方法论——逻辑学上都有自己的主张。这三种哲学的主要观点可用下表说明。

	本体论	认识论	价值论	逻辑
唯心论	实在是心灵与形式	认识是与"理念"相反的观念	价值是对理想的心灵和观念的反映和模拟	形式的演绎的
实在论	实在是事物、客体与物质	认识是可观察的事实与观念的一致	价值是对自然和自然规律的模仿	形式的/演绎的和科学的/归纳的

实用主义	实在是人的经验	认识是某种能照着行动的思想的后果	价值是从经验中引申出来的；评价过程产生出能用以评价经验的标准	科学的/归纳的和形式的/演绎的

　　在三种哲学中，唯心论继承了柏拉图和犹太教、基督教的遗产；实在论继承了亚里士多德和以后的各种形式的自然主义；实用主义起源于美国受达尔文和爱因斯坦著作的影响，有皮尔斯、詹姆士和杜威。这些哲学思想影响了教育，也影响了特殊教育。特别是杜威的实用主义在美国的教育中影响更大。实用主义者把宇宙看做运动中的物质，无时无刻不在变化，没有什么东西是持久或永恒的。他们强调过程和经验，特别是理智或理性的过程。实用主义者认为，为了鼓励日益繁多的和更为复杂的经验改造，教师应把精力放在扩展并增进学生的经验上。杜威还倡导，把生活看做是一种相互作用的学习过程，把教育看做是一种鼓励并推进学习的过程，把民主看做是一种学习化社会的模式。在特殊教育的观点和理论上，现代美国"特殊教育之父"柯克教授认为主要有以下人物和观点：

首创者姓名	生卒年	国家	主要思想
依泰尔	1775—1838	法国	在发展智力落后者时可用个别训练的方法
由豪	1801—1876	美国	残疾儿童能学习，应给予有组织的教育而不是怜悯
谢根	1812—1880	法国	智力落后儿童可通过特殊的感觉运动训练来学习

高尔顿	1822—1911	英国	天才的产生有家族倾向，其血统有决定的意义
比内	1857—1911	法国	智力可以测量，经过教育可以进步
布莱尔	1809—1852	法国	盲童可用凸起圆点并有变化的盲文交往体系来学习
加洛德特	1787—1851	美国	聋童可以用手指拼读及用手势来学习和交往
贝尔	1847—1922	美国	听力残疾儿童可以学会说话，如果使用助听装置还可利用剩余听力
蒙泰梭利	1870—1952	意大利	利用具体经验和特殊设计的教材，儿童在非常早的年龄就可学习
安娜·弗洛伊德	1895—1952	奥地利	精神分析技术也可用于帮助有情感问题的儿童
推孟	1877—1956	美国	智力测验可用于鉴定一生智力都趋于优异的儿童
施特劳斯	1897—1957	德国	有些儿童表现出特殊学习障碍，可能因脑伤引起，需要特别训练

　　1990 年出版的《人类特异性》中，论及从 17 世纪到 20 世纪初对特殊个人的观点上有贡献的人中除了与上列人物相同的外，还有：[1]

---

　　[1]　B. Wolf《Instruction Edition for Human Exceptionality，Society，School，and Family》Allyn & Bacon，1990，P. 22—24.

英国哲学家洛克，主要贡献是把智力落后和精神疾病区分开（1690年），并提倡这不是人类的基本本性的思想，认为人的头脑出生时是一块白板。

法国医生皮涅尔，主要贡献是把精神疾病作为一种病症来加以分类，并提倡对精神疾病进行治疗。

美国教师狄克斯，贡献是在美国对智力残疾机构进行了社会改革，改变了"监狱"式地对待，而变成了"医院"式地管理。

德国心理学家冯特，贡献是把心理学界定为一种实验的科学，发展了心理学的体系和结构，建立了第一个心理学实验室（1879年）。

美国心理学家詹姆士建立了机能心理学，1890年发表了《心理学原则》。

维也纳医生弗洛伊德·希在个性的动机和动力研究上有贡献，作为精神分析理论之父，发展了个性理论。

俄罗斯生理学家巴甫洛夫确立了经典条件反射理论。

依泰尔的贡献：提出了（1799年）通过教育干预治疗白痴和提倡个别化干预、感觉刺激和系统化训练。

加洛德特的贡献：提出了在美建立第一个寄宿的聋校（1817年）。

豪进行了盲聋人教育，建立了柏金斯盲校（1832年）和进行了争取社会财政支持的改革。

布莱尔的贡献：提出了发展了盲人书写和阅读的体系（1834年）。

谢根在巴黎建立了第一个弱智机构（1837年）和发展了生理学方法，还帮助美国建立了第一个智力落后的寄宿机构（1854年）。

美国认为在特殊教育上有理论贡献的人有一部分是美国人，但多数和早期的多为欧洲的法、英、意等国人。美国人从西方学来又加以发展，所以美国认为的理论基础也基本上就是西方的特教理论基础。

从上述的简要介绍中可以看到：

1. 这些理论观点是多学科的，教师、医生、心理学家、生理学家等从不同角度提出了有利于特殊儿童教育发展的思想；

2. 这些个别的观点涉及对特殊儿童（主要是残疾儿童，也包括天才和学习障碍等儿童）的认识和态度，涉及具体的教育方法、工具和策略。这些观点和思想不是系统的，但有更多的实用价值，解决了特殊教育中的某一个或几个具体问题；

3. 对某些观点的提出或贡献有其地域性或局限性。例如，建立某一类特殊学校，对于手语或指语等美国的学者或教师在该国有很大贡献，但在世界上并不是最早或影响最大的。

二、苏联的特殊教育理论

苏联的特殊教育工作者在 1917 年十月革命后很重视特殊教育的理论研究。他们曾努力以马克思列宁主义理论中的基本观点和辩证唯物主义作为特殊教育及其学科的理论基础和方法论基础，由于十月革命建立了世界上第一个社会主义国家，他们力图建立起在原则上不同于西方的新的理论基础。苏联特殊教育工作者在这方面的努力和理论主要在两个方面。

一个方面是研究和运用马克思主义的一般原理和关于教育方面的论述。这里包括马列主义关于经济基础与上层建筑、关于教育的本质和阶级性、关于外界环境与社会在人的教育中的作用、关于人的全面发展学说与个性形成、关于教育的作用及教学过程和教育的社会——历史依存性、关于环境及遗传与教育的关系、对历史遗产的批判和继承等。这些可运用于普通教育的理论观点和方法也应用到了特殊教育实践中。他们强调了社会和国家制度发生了变化，根本改变了残疾人的社会地位，消除了社会对残疾人的很多限制，使残疾人在优越的大环境中受到平等的教育，但又充分照顾了他们的特点。特殊教育在1919年就作为国家任务由列宁签署的文件确定下来，因此要当时的人民教育委员会负责协调和建立机构。当时还提出社会主义人道主义，努力消除造成残疾的社会原因，与致病因素斗争，进行预防和对疾病有效治疗。对学生的学习内容也进行了更新，加强了劳动教育等等。他们用更乐观的观点看待残疾儿童，把他们看成是社会主义社会平等的公民，对残疾儿童个性形成和心理发展中的生物因素和社会因素的相互作用及复杂过程进行马克思主义的分析，了解各种残疾的实质和物质基础，理解社会实践、劳动和集体在残疾人发展中的作用。他们反对唯心主义的对残疾的宿命论观点和单纯训练的实用主义观点，对残疾儿童全面发展的可能性持乐观主义的态度。

另一方面是各个学科中与特殊教育有关的理论。这包括俄国和苏联学者们认识和对待残疾及残疾人发展的各种理论，如谢切诺夫和巴甫洛夫的反射学说、信号系统学说、神经过程可塑性学说、动力定型学说，鲁利亚的神经心理学学说，维果茨基和赞可夫关于特殊儿童心理和特殊教育的学说。谢切诺夫和巴甫洛夫关于人的高级神经活动、关于分析器、关于机体与环境的统一以及第一、二信号系统、组成条件反射的规律和人的大脑皮层的高度可塑性学说是苏联特殊儿童心理学和特殊儿童教育学的生理学基础；维果茨基的关于儿童发展关键期（即儿童发展中的快速增长期）的理论、关于人的高级心理学机能发展的文化—历史理论、关于儿童发展现实水平和最近发展区的理论、关于残疾儿童发展中的第一性和第二性及其他派生性缺陷的理论，赞可夫关于发展性教学和早期开始补偿的理论等都是苏联特殊教育学科发展的基础。维果茨基和赞可夫二人均在俄罗斯的特殊教育研究所工作过，但更多的时间从事了普通教育和心理学工作。苏联的这些基本理论是苏联学者用马克思主义总结多年教育实践和进行科学实验的结果。这些理论在很多方面反映了特殊教育中的普遍规律，不少内容也被译成西方文字及被应用。但是这些理论观点和实践也有其历史局限性、狭隘性和不符合实际或没有普遍意义。

（一）对特殊儿童的认识

他们认为特殊儿童是异常儿童，其异常应是其发展受到了损害，也就是在一定条件下某一功能缺陷可导致儿童发展一般过程的损害。所以，从发展的观点看，异常儿童应是有发展异常或是心理发展的正常过程有了损害，而不仅仅是有功能缺陷或者是缺陷发展。20世纪30年代维果茨基提出了缺陷儿童异常发展的复杂结构的思想。他认为某一疾病后的缺陷不是孤立的，而是分析器官缺陷或智力缺陷可带来一系列偏常。在缺陷的复杂结构中应分出第一性、第二性和其他派生的缺陷。第一性缺陷常是疾病的直接影响，例如耳聋，而第二性的是第一性缺陷引起的发展的损害结果，例如由聋而导致的哑。第一性缺陷要由医学来解决，第二性的要由教育来施加影响。维果茨基还认为，第二性特征离第一性缺陷越近就越难于矫正和克服。例如，耳聋造成了哑，学习准备发音就比积累词汇要难。维果茨基还认为，异常儿童心理发展的基本特点是发展的两个方面（即儿童发展的生物过程和文化过程——引者）的分离，而正常儿童发展的典型特征恰恰是这两方面的结合。西方一个学者认为"不能用量正常人的尺度来量盲人、聋人和智力落后者"，维果茨基在驳斥这个学者时说："可以和需要用量正常人的同一尺度去量盲人、聋人和智力落后者"，"首先（他们）是人，而以后才是特殊的人，例如盲人。"维果茨基还认为，一切身体上的缺陷（盲、聋、智力落后）不仅改变了人对世界的关系，主要的是改变了对社会中人的关系。因此要对残疾儿童进行社会教育，进行其缺陷的社会补偿，这是唯一有科学根据的正确途径。维果茨基有信心地认为，人类或早或晚要战胜盲、聋、智力落后。但人类在社会和教育方面的胜利要早于医学和生物学方面的胜利。在其之前，俄罗斯聋教育专家福列里就说过，"坦率地说，聋人不比其他人坏，也不比其他人优秀。他有与人一样的热情的萌芽，掌握着与人一样的完善的自然力"。俄罗斯专家认为应当教育的不是简单的盲童，首先教育的是儿童。他们用形象的比喻说，用药物治疗病人不能因为吃药而中断对这个人的正常饮食。这些对残疾人的认识和观点影响着整个俄罗斯及苏联的特殊教育。

(二) 关于心理发展

苏联心理学家对心理发展（包括动物界中心理的产生和发展、人的意识产生和发展、人的个体发育中的心理发展）有过很多理论，对于特殊教育中的残疾儿童的心理发展、发展的动力、发展与教学等也提出过很多观点。他们把儿童的环境与发展的条件区分开，注意到了各种感觉器官的协调合作，把感觉器官看成是一个完整的体系，各个分析器间相互影响。这对于残疾儿童的心理发展和补偿十分重要。他们把一个感觉器官参加另一器官活动和影响的情况分成五类：①一感觉器官为主要感知器官，另一器官仅作为背景，使感知更清晰；②主导感觉器官对客体的某些特性不能感知，而由另一感觉器官来帮助补充感知；③辅助感官使主导感官感知的物体更完善；④主导和参与的辅助感官各相对独立感知，但又联系成一个整体，分别感知一个客体的不同特性（例如用视和味觉共同感知海水）；⑤两个感官同时感知一个物体的一个特性（例如视、触同时认知物体形状）。这是感觉器官合作的情况。

感知与运动器官合作是另一种情况。在这里起主导作用的是感知物体的分析器。还有在完成实际活动时各分析器官的合作。总之，各种器官是一个活动的相互作用的整体，在心理发展中应予以注意。赞科夫同意维果茨基关于发展的观点，提出教学不仅应建立在已完成的发展区域的基础上，而且首先必须建立在还没有成熟的那些机能的基础上，教学应该推动发展。苏联学者根据维果茨基的发展和心理机能损伤的观点，探讨和比较了正常与异常儿童心理发展的规律和特点，写出了一系列专著，利用各学科联合一起研究的优势，形成了包括各类残疾儿童的特殊心理学科。这个学科成了苏联对特殊儿童进行教育教学的基本原则和重要基础之一。

苏联的特殊教育的理论基础有许多东西是与西方不同的，理论性和系统性较强。有一些是有普遍意义和体现了共同客观规律的。但是也可以看到一些问题：

1. 对外国，特别是西方的理论基本上全盘排斥，认为外国的就是资产阶级的。这不利于吸收人类文化遗产，共同发展。苏联有过对外国东西盲目照搬（20 世纪 30 年代对待西方智力测验），又有过全面排斥（20 世纪 30 年代后期至 60 年代），这都限制了他们的发展。近 20 年来俄罗斯开始介绍和吸收外国的特殊教育方面的观点。

2. 系统理论较多，但实验、数据等较少，推理逻辑论证多于实践总结。特别是对于残疾儿童的鉴定多用质量描述。在科学研究中有过形式主义，把人生物化、把事物绝对化等，这些都违反了彻底运用辩证唯物主义的初衷。

三、国际流行的一些特殊教育的理论观点

第二次世界大战以后，随着经济的发展，特殊教育成了国际的事

业，国际组织（从联合国到非政府学术组织）和各种国际会议经常把残疾人教育作为内容来加以讨论。很多个人、会议、宣言发表了对当前特殊教育发展有影响的观点和见解。

（一）人权观点

关于人权和人皆平等的思想虽早在法国大革命时就提出来并且推动了社会发展，但在二次世界大战后这个问题就更突出，更普遍。在残疾人问题和特殊教育上的人权平等思想也在国际上得到普遍承认并成为推动特殊教育发展的动力、根据和理论。联合国成立后的一系列宣言和公约，如《世界人权宣言》（1948年）、《儿童权利公约》（1989年11月20日在联合国第44届大会通过）、《社会进步和发展宣言》和专项的《残疾者权利宣言》（1975年）、《智力残疾者权利宣言》《聋盲人权利宣言》《关于残疾人的世界行动纲领》以及到20世纪90年代的《人人受教育》、《儿童优先》、《儿童生存、保护和发展世界宣言》及执行此宣言的行动计划（1990年），1983—1992年联合国发起了"残疾人十年运动"，这是1981年"国际残疾人年"提出了残疾人"充分参与和平"等的口号活动的后续行动。在国际上广泛传播的观点与很多国家法律规定的平等权利相一致，这也就更促进了各个国家规定的人民平等权利、平等受教育权的实施。残疾儿童家长也提出来，他们的残疾孩子有平等受教育权，也应为残疾儿童建立学校；已建立特殊学校的地方，有些残疾儿童家长要求自己的孩子到正常儿童的学校去学习。他们的理论根据就是平等、人权。一些人用黑人应可以进入白人学校、黑人应可以进入白人进入的公共场所一样的论据来要求实现人权和平等。自1776年美国"独立宣言"宣布"一切人生来都是平等的"和1789年法国的《人权与公民权利宣言》（简称人权宣言）宣布"人类生而自由，在权利上生而平等"以来，到现代联合国第三次大会的"世界人权宣言"都给予了残疾人"人权""平等"这个理论武器和进步思想，用此武器去争取实现自己的受教育权。

（二）康复和社会适应观点

一次世界大战后在医疗事业中出现了康复，二战后加强了这方面工作的开展。1969年世界卫生组织给康复下了一个定义："康复是指综合地和协调地应用医学的、社会的、教育的和职业的措施，对患者进行训练和再训练，使其活动能力达到尽可能高的水平。"1981年专家委员会又下了新的定义："康复是指应用各种有用的措施以减轻残疾的影响和使残疾人重返社会。康复不仅是指训练残疾人使其适应周围的环境，而且也指调整残疾人的环境和社会条件以利于他们重返社会。在拟订有关康复服务的实施计划时，应有残疾者本人、他们的家属以及他们所在的社区参与。"联合国大会1982年12月通过的第37/52号决议中对康复的定义规定为："康复是指有目标并且时间有限的一段过程，这一过程旨在使有缺陷的人在心智上、身体上、参与社会生活的功能上都能达到最佳状态，这样就为其生活的改善提供了自身的条件。康复包括为补偿某一丧失或削弱的功能所采取的各种措施（例如采用辅助器械），也包括有助于使他们适应或重新适应社会的措施。"在这里明确指出了教育康复，也就是用特殊教育的手段来促进康复。特殊教育与医学等工作结合起来，形成了大康复的概念。同时对康复目标的表述也为特殊教育提出了方向，即重返社会或适应社会生活。康复和重返、适应社会的观点已深入到了特殊教育领域，而特殊教育也进入了医疗康复、社会康复、职业康复、心理康复等阶段，成为这些工作的组成部分。

第三章　特殊教育的体系

学校教育制度和各种教育机构的体系（或系统）是广义的教育制度的内涵之一，又简称学制。它受一个国家和地区的社会制度、政治、经济、文化等方面的制约，也受学生身心发展特点及对其认识的制约。当今世界上一些国家有法律规定的特殊教育机构体系，有一些地方，此类机构的建立或解散由地方行政当局自行决定，还有的地方仅有小学水平的特殊教育机构，无所谓体系，有一些地方根据某一类原则或学者的建议正在形成着体系。

二百多年前世界上出现了残疾儿童的特殊学校。随着社会的发展，安置特殊儿童的机构由仅有小学发展到有学前教育、初等、中等和高等教育、职业技术教育以及社会成人教育各种机构的整个系统，这是纵向的系统；横向上，在一个层次上的教育，特别是义务教育阶段又出现了多种安置形式。各个国家逐步形成了适合各自国家特点的各级各类特殊教育机构的系统，这就是人们常说的特殊教育体系。这种体系与当地的普通教育体系既有相同的部分，又有其特殊的部分，或者是基本相同又有变化的情况，不管是在教育机构的层次、学习年限等方面都有这种情况。美国的比较特殊教育专家把世界各国的特殊教育分成了5类，即有限的特殊教育、形成中的特殊教育、隔离式的特殊教育、接近融合式的特殊教育和融合式的特殊教育。但较明确指出特殊教育机构体系大致有两种主要类型，一种是以美国为代表的"回归主流"的"瀑布式特殊教育服务体系"，或者叫做特殊儿童的特殊学习环境；另一种是以苏联（现俄罗斯）为代表的"特殊教育机构网"。现在也还有两种类型混合的或新兴起的融合了两种体系优势的体系。

一、美国的特殊教育机构体系

美国特殊教育的发展是从欧洲引进的建立特殊教育学校这一种模式开始的，但在其后的发展中从纵向和横向两个方式，即从建立特殊幼儿园到特殊高等和研究生院教育，从普及义务教育的多种形式特殊教育服务上均超过了欧洲，形成了有美国特色的完整特殊教育体系。1975 年美国 PL94—142 法令（《所有残疾儿童教育法》）中提出"最少受限制环境"后，要求依据残疾儿童情况，尽可能将他们安置在普通学校或普通班级中学习或有尽可能多的时间与普通儿童一起活动、接触社会，而不要仅限于与自己同类残疾儿童的狭小范围内，使残疾儿童所处的残疾儿童小"支流"回到广大儿童、广阔社会的"主流"中来。美国国会有关安置残疾学生最佳受教育地点、最少受限制环境的原则，其体系的表示方法有多种。较著名的是最早研究回归主流的学者之一、明尼苏达大学教授芮诺提出的《特殊教育方案组织结构》：

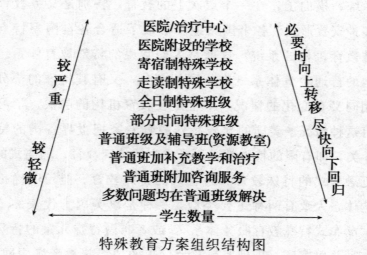

特殊教育方案组织结构图

这个结构图表现了尽量使每一个残疾儿童的特殊教育安置适应其特点和残疾程度，并尽可能向正常社会和学习环境移动，但也可在需要时向相反方向移动。这里还表现了反对把残疾儿童固定在一个范畴、反对加以分类和加以任何对残疾儿童与其家长心理有害的"标记"，要求使学生尽可能在普通教育环境中"融合"，以便使学生在学习时和学习后回到社会"主流"中去。

另一个有代表性的是美国著名特教专家柯克（Kirk）在其著作《特殊儿童教育》中引用的 1970 年 Deno E. 提出的残疾学生特殊学习环境图：

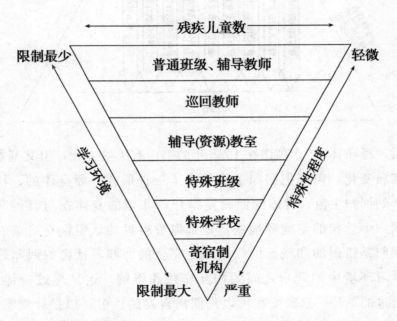

上述两种表示回归主流体系的图都是一端宽一端窄，这是表示应使更多的残疾儿童到普通学校去学习。从图形上看类似正三角形或倒三角形，类似自然界的瀑布或倒瀑布。所以又称这种体系为"瀑布体系"或"倒三角体系"。

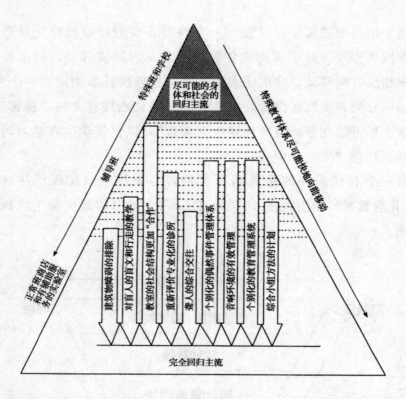

对"瀑布体系"，芮诺在1988年的书中有了些变化，但其基本内容没有实质变化：芮诺把回归主流分成了三种形式，即身体的、社会的和教学的回归主流。身体的回归是指特殊儿童的身体在与其他非特殊儿童同一个学校的空间环境中，是可以看得见的。但仅有简单的身体上的回归是错误的和残忍的，这不是完全的回归。社会的回归是指在同一学习环境中的儿童之间的相互交往和影响，这是超过身体回归、向前迈进的一步。这种交往可以是偶然自发的，也可以是计划安排的。所有的特殊儿童都可从教师和同学的帮助中得到益处。教学的回归是最复杂的回归形式，这是基于身体回归和随社会回归而增长的。特殊儿童和其他学生同时接受同一学科的教学，虽然他们不能通过同一方法得到同样多的东西。三种形式要最大限度地结合好和分配好各种形式在时间上所占的比例。有过不同比例的各种假设和模式，有的忽视

了教学回归，有的忽视了社会回归，有的仅强调了身体回归。这都未能使回归主流取得应有的效果。

在美国教育部每年向国会递交的特殊教育年度报告中经常是按8种（90年代前按9种）对6—21岁残疾青少年服务的教育环境（机构）来统计的。这8种教育环境是：正常班、辅导班、隔离班、公立隔离机构、私立隔离机构、公立寄宿制机构、私立寄宿制机构、家庭或医院范围内的环境，曾分开为矫正医疗设施和家庭限制性环境二种类型统计。从美国教育部统计数字的分类中可以看到回归主流体系的各种主要类型的机构。

在普通学校正常班学习的残疾儿童，按美国教育部1988年向国会的报告统计，包括15.29％的学习障碍、66.26％的言语和语言障碍、3.06％的智力落后、8.85％的情感障碍、18.72％的重听和聋、4.06％的多种残疾、25.62％肢体残疾、25.88％的其他健康损害、31.48％的视觉障碍和6.55％的聋—盲学生。在正常班的特殊学生有的可以全部课程、所有时间都随普通学生一起；有的在普通班上课时或课外要有由受过专门特殊教育训练的教师进行辅导，或者对普通班的教师在教材安排方面做咨询或充当顾问，有的要在一定的课外时间或上课时间接受在一个地区有经验的专职特殊教育教师的巡回辅导或由有特教学生班的任课老师接受巡回辅导。这些专家多为言语病理专家、学校心理学家或社会工作者。这些巡回教师还可以走访家庭，与家长一起研究对残疾儿童进行个别帮助。这种巡回可以是经常性的，也可以是临时性的。上世纪90年代后根据美国修订的有关特殊教育的法令，在特殊教育的对象中除上面列出的10类（原为11类，即把聋和重听分为两类，后合为听力残疾）外，增加了孤独症和脑外伤。根据1993年美国教育部对国会关于特殊教育法令修正案的报告中公布的数字，6—21岁残疾青少年受到各种服务的人数占同龄居民的7.79％。各类残疾人比例如下：学习障碍3.89％，言语与语言障碍1.73％，智力落后

0.96％，情绪障碍 0.69％，听力障碍 0.1％，多重残疾 0.17％，肢体损伤 0.09％，其他健康损害 0.10％，视觉障碍 0.04％，孤独症 0.01％，聋—盲和脑外伤均不足 0.01％。

辅导班，又直译作资源教室。是在学校内建立的单独教室，学生按教师规定的时间到这个教室由专门的辅导（资源）老师进行辅导和特殊帮助。这是一种补充的学习环境。辅导教师与班级教师、家长均保持密切联系，在经过充分帮助、辅导后，使学生能全部时间都在普通班上课，也就是过渡到"主流"中去。在辅导教室中有各种教学设备和工具，有时进行个别教学，有时进行小组教学。辅导教师是受过专门特殊教育训练的教师。各类残疾学生到辅导班的比例是：学习障碍 61.8％，言语和语言障碍 25.55％，智力落后 25.29％，情感障碍 33.78％，重听和聋 21.02％，多种残疾 15.25％，肢体障碍 16.14％，其他健康损害 18.79％，视觉障碍 24％，聋盲 17.68％，总计 41.39％。这是美国教育部 1988 年向国会报告的数字。1992 年报告的数字中略有变化，例如聋和重听降为 19.7％。

隔离班。也就是设立在普通学校中的特殊儿童班。由学校安排较小的教室，由较少的学生（有时 3—4 个人或稍多一些）由专门的特殊教育教师全日或部分时间集中授课，个别学生、个别时间也可能到辅导教室或其他教室上课。这样的特殊班中常有教师助手或志愿人员（大学生、家长等）的协助，以便在分小组或个别教学时进行辅导。教师根据学生的情况进行适合残疾儿童特点的教学，教材、教学方法和教学进度等都和普通班不同。课间和课外时间隔离班的学生可以和普通学生在一起。"隔离"仅是在主要教学活动中。有时隔离班的学生（如聋生）到普通班上课，经常有专门的懂手语的老师随班到教室做翻译，课间交往时亦可找校内穿着有特殊标志服装的懂手语的老师翻译。这类教育安置的人数比例根据 1988 年美国教育部报告是：学习障碍儿童在正常校内隔离班的占 21.05％，言语和语言障碍的占 5.54％，智力落后的占 55.81%，情感障碍的占 35.88%，重听和聋的占 34.62%（1992 年减为 32.75%），多种残疾的占 43.23%，肢体障碍的占 32.03%，其他健康损害的占 25.77%，视觉障碍的占 19.44%，聋盲的占 23.30%，总计占 24.49%。

隔离机构。这里指的是专门为残疾儿童设立的特殊教育学校和其他机构，包括公立和私立的走读学校、寄宿制学校、寄宿制的矫正医疗机构、疗养院和关闭在家中。上述的几种类型机构从与社会接触和交往角度看是越往后隔离的程度越重，也就是与社会交往的机会越少。特殊教育学校被一些人认为是为残疾儿童打上有害标记或标签的地方，不利儿童心理发展，与社会隔绝，不平等，应予取消。而另一些人认为，美国最早为特殊儿童进行教育服务的就是单独的特殊学校，这里可以使他们与同伴自由交往，根据特点学到知识、得到发展，很多宗教团体和慈善财团专门资助和兴办这类学校。在这些学校内残疾儿童还可以得到劳动训练或毕业后仍可得到学校的追踪帮助和关怀。这里有为残疾人服务的各种设施、教具、住宿、行路、上课等方面的条件，全考虑到了他们的特殊需要。在一些地方这样的学校取消或减少了，但一些古老的、有历史传统的、仍在有效发挥作用的特殊的幼儿园、小学、中学甚至大学都继续存在。一位历史悠久的百年聋校的校长说过，回归主流是好的，但聋生在我这里学习我认为是最好的。1988 年美国教育部的报告，也就是 1975 年法令之后的 13 年的报告中隔离的机构仍占残疾学生数的 7.87%，这里主要是智力落后、情感障碍、聋和重听、多种残疾、视觉障碍和聋盲等。学习障碍、言语障碍的特殊学校较少。残疾儿童中学习障碍占 49.9%，语言和言语障碍占 22.2%，智力落后占 12.3%，严重情感障碍占 8.9%，听力残疾占 1.3%，视觉障碍占 0.5%，多重残疾占 1.3% 等。所以，如果拿占残疾人数较少的一类（如听力残疾）来看，则在特殊学校等机构中的人数就占 25.61%（1988 年统计，1993 年降为 20.72%）。如果把隔离班和隔离校均算做特殊机构的话，那么全美国的特殊机构内的残疾人数要超过 30％，而盲、聋、智力落后等残疾儿童在特殊隔离机构内的人数就达到 50％—60％。所以，回归主流的体系并不是一下子消灭特殊学校的体系，而是要残疾学生更多与社会交流，依学生情况尽量使其进入普通教育机构的体系。特殊教育学校与其他种形式相辅相成地存在着，特殊学校在一个州或地区起着收重残、多残或特教资源中心的作用。

美国各个州的情况也因地区的历史、经济、文化等背景不同在特教体系的执行上也有所不同。以听觉障碍（聋和重听）儿童的教育为例，1992 年美国教育部统计的 6—21 岁在 1990—1991 年度不同教育环境的百分比数字中可以看到如下情况（摘选一部分州）：

州名	正常班	辅导班	隔离班	公立隔离校	私立隔离校	公立寄宿校	私立寄宿校	家庭和医疗环境
阿拉巴马	40.31	11.12	25.61	2.96	0.10	19.39	0.31	0.20
亚利桑那	5.18	42.33	14.84	20.52	0.00	17.13	0.00	0.00
加利福尼亚	14.98	7.06	64.52	0.60	0.61	12.24	0.00	0.00
科罗拉多	36.06	33.46	21.66	0.78	0.00	7.78	0.00	0.26
康涅狄克	40.76	16.86	14.66	6.60	13.34	0.29	7.18	0.29
佐治亚	22.78	24.79	26.55	11.64	0.00	14.15	0.08	0.00
哥伦比亚特区	19.23	15.38	61.54	0	0	0	3.85	0

阿尔堪萨斯	30.06	23.97	9.23	10.22	0.79	25.54	0	0.20
印第安纳	9.09	26.03	39.34	12.98	0	12.56	0	0
堪萨斯	28.23	21.13	18.23	2.58	0	29.84	0	0
肯塔基	19.85	27.89	13.69	1.38	0	37.19	0	0
马里兰	40.94	9.89	21.96	4.81	0	21.87	0.35	0.17
麻省	60.65	15.48	17.35	2.08	2.94	0	0.53	0.96
密西西比	7.54	26.27	35.03	1.43	0	29.12	0.20	0.41
纽约州	18.80	17.65	20.74	12.62	26.94	2.55	0.07	0.62
波多黎各	3.96	32.38	40.64	4.41	16.63	0.11	0.44	1.43
罗德岛	16.23	7.14	5.84	68.83	1.30	0	0.65	0
南达科他	26.81	32.49	0.95	17.03	0	22.40	0.32	0
得克萨斯	2.95	37.11	40.25	9.17	0.07	6.09	0.24	4.13
犹他	26.63	24.79	41.54	6.70	0	0.34	0	0
弗吉尼亚	27.84	15.54	27.34	0.94	0.07	27.84	0.07	0.36
华盛顿	49.00	23.69	24.19	0.67	1.56	0.83	0	0.06
西弗吉尼亚	12.77	33.24	23.67	5.32	0.80	23.67	0.53	0
全美平均	26.85	19.70	32.75	5.84	3.32	10.39	0.64	0.53

从上表中我们可以看到美国回归主流的体系在提出近 20 年时各州的情况有多么大的不同，仅以耳聋和重听的统计，在正常班的最高可达 69.87％（爱德华州），而最低的仅有 3％—5％（波多黎各和亚利桑那）；在特殊学校的最高可超过 40％（纽约州、新泽西），罗德岛竟高达 68.83％。各州的学生情况的不同也影响了安置的形式和特教体系的建立。

美国的各级特殊教育机构中也有残疾人的特殊学校，有盲、聋、智力落后儿童的特殊教育机构（幼儿园等），还有盲、聋、智力落后的职业学校、职业培训中心，有专门为聋人设立的、世界上第一个也是惟一的人文科学的大学——设在首都华盛顿的加洛德特大学，还有国家资助兴办的聋人理工学院——国立罗彻斯特聋人理工学院，设在罗彻斯特理工学院内，是这所著名理工大学中的一个学院。美国招收聋人的普通大学还有 50 多所。这两处是专门招收聋人，用手语和其他交往形式教学的特殊机构。加洛德特大学本身就是聋人教育的一个独立体系。这里有聋人幼儿园、小学、中学、大学、研究生院（硕士、博士学位），全部集中在一个校园内。每年都培养出有各种学位的聋人毕业生。早在 1914 年，这所学校培养的聋人大学生就在宾夕法尼亚大学得到了博士学位。上世纪 70 年代以后加洛德特大学自己也培养了聋人博士。

二、俄罗斯的特殊教育机构体系

俄罗斯最早的特殊教育是在一些教养院性质的机构中一同教育正常儿童和残疾儿童开始的。但后来依照法、德等国建立了特殊教育学校。1917 年十月革命后苏联把残疾儿童的教育作为国民教育事业的一部分，除原来的学校外由教育部门兴建特殊教育学校来解决培养成长中的盲、聋、智力落后等儿童的问题。他们认为，对残疾儿童分类越准确，越可以考虑到不同类儿童的心理和发展特点，在教育教学中才可以照顾到这些特点，使他们得到补偿。这种照顾不是迁就缺陷或降低标准，而是帮助儿童更快更好地发展。例如听力损失程度不同的聋和重听儿童，视力损失不同的盲和低视力儿童，智力损害不同的轻度和中重度儿童的合班教育就不如分开班或分开校教育效果更好。他们认为，在教育教学的阶段更多地考虑到他们的特点，使他们得到全面发展，这样对残疾儿童未来的生活十分有利。如果从学校基础教育时间和人的一生比较，进入社会生活的时间要比学校期间多几倍。俄罗斯特殊教育学校的种类不断增多，层次不断变化，逐渐形成了其特殊教育的机构体系：

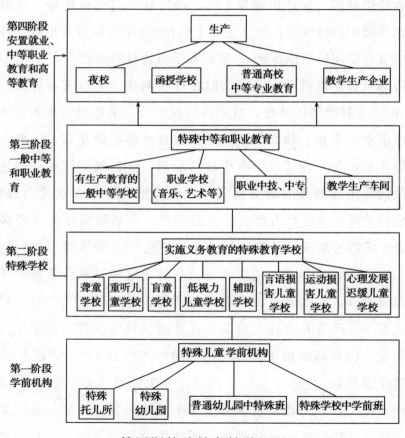

俄罗斯特殊教育教学机网

这个体系分为四个阶段，类似普通的教育体系，即：学前阶段、义务教育阶段、普通中等和职业教育阶段、专业及高等教育阶段。每个阶段又有若干种特殊教育机构。

学前阶段有类似普通幼儿教育的托儿所和幼儿园，还有托儿与幼儿机构联在一起的托儿—幼儿园，这些机构都是和普通学前机构一样的标准建筑，常在一个区内统一编号，但仅收某一类（如盲、聋、智力残疾的）儿童，编班较小。有寄宿和日托两种，由地方的医学教育委员会检查、鉴定并予以介绍和安排。完成着类似普通幼儿园的任务，但还有补偿缺陷、医疗保健等工作。除这种专门的机构外，还有设在普通幼儿园中的特殊幼儿班，这在上世纪 70 年代以后才出现。在特殊学校中常有学前班（预备班），完成着学前教育的功能。

特殊教育学校目前有八类。但在苏联刚建立时仅有盲、聋、智力落后等 3—4 种类型的学校，后来在盲校中分出了低视力学校，在聋校中分出了重听学校、辅助学校，是招收智力落后的儿童，一般为轻度的落后儿童，在一些学校中有中度落后班，学制较短。在一些地区还有单独的为中度和重度智力落后儿童设立的、带有农业劳动教育的、设在农村地区的重度智力落后的儿童学校。运动障碍学校主要接受中枢神经系统损害造成运动障碍的儿童，一般的运动障碍可以到普通学校去。言语障碍的学校也是招收言语障碍严重和口吃较重的学生，这里常是寄宿制，有的经过矫正训练还可转回普通学校去。有一般语言障碍或不十分严重言语残疾的学生在普通学校中的言语矫正室（班），每周接受巡回教师的矫正指导。这样的矫正室到 1992 年有 3 863 个，每个矫正室都有 1 名或 1 名以上的受过专业训练（大学特教专业毕业）的言语矫正工作者工作，依据每个学生的情况制订计划，进行系统的矫正工作。这样的矫正室常设在一所学校而为周围的几所普通中、小学校服务。也有的矫正室设在言语障碍学生较多的学校，专业老师主要在此工作，而同时按计划到周围几所学校去为少数的言语障碍儿童服务。心理发展迟缓儿童学校是 1981 年才出现的。这类似于美国的学习障碍，但俄罗斯学者坚持认为这不是美国的学习障碍。他们认为，心理发展迟缓儿童是在认识和情感意志方面有某些暂时性损害的儿童，例如未能很好形成智力活动或活动能力降低，对掌握学校学习科目所必需的知识和表象受到局限、学习兴趣不高、有目的的活动能力差等。这类学校的出现使原先被认为是智力落后的儿童进行了分流，一部分真的智力落后儿童进入了辅助学校，另一部分发展上落后的进入了这种心理发展迟缓儿童的学校。在这 8 种基本形式的特殊教育学校中言语损害儿童学校又分成两个部分：严重言语发展不足的各种表现（失语症、发音不清、发音困难等）的矫正和严重口吃矫正；重听儿童学校也分成两部分：重听加轻度言语缺陷及重听加重度言语缺陷。此外还有为又聋又盲和为又盲又痴呆的儿童设立的特殊教育机构。学习年限依残疾和地方情况为 10—12 年，与普通中等义务教育年限相同，但达到的水平不全相同，即相当一部分特殊学校未达到完全中等教育水平。

在特殊学校义务教育阶段之后是特殊中等和职业教育。在这个阶段进行普通的完全中等教育和进入社会参加劳动的职业准备。有 4 种类型学校：带有职业教育的普通完整的中等教育学校；普通的专业学校（如某些残疾人可进入音乐、美术学校）；中等专业或中等技术学校，培养技术工人；在残疾人组织领导和管理下的边学习、边生产的教学生产车间。这个阶段学习后可以参加社会生产劳动，也可以有部分人与第二阶段正规学校毕业后的少数人升入高一个层次的教育机构。

第四个阶段是高一个层次的职业技术教育和高等教育。在这个阶段的几种教育机构分为两类，一类是残疾青年和成人与普通人在一个学校内学习，如夜校、函授大学和普通高校，根据具体情况把残疾人单独编班或编组；另一类是由俄罗斯盲人或聋人协会领导的对盲人或聋人实施大专层次的高等职业教育的教学生产企业，这类企业中有生产部分和教学部分，但两部分的工作密切结合。教学部分接受完全中学毕业的人，执行教育部批准的教学计划，在聋人教学企业中有专门配备的手语翻译，分成小班上课（大组 15 人，小组 7—8 人），然后是一对一地个别作业，学习期限比普通学校增加一年。毕业后由聋（盲）人协会安排到各地聋（盲）人企业去工作。所有的工作人员全受过专业的特殊教育。这种教学企业得到社会的赞助。学生住宿，上学期间可以申请助学金，助学金是全部所需费用的 50%，另外 50% 由自己劳动赚取。学生除学习和生产外还参加各种活动（美术、摄影、体育等），以促进残疾的康复。

对于一类残疾儿童和青少年的教育，在俄罗斯还有上述大体系之下的小体系。例如，苏联听觉损害儿童教育教学机构体系，如下图：

学前教育
- 聋童（弱听儿童）托儿所—幼儿园
- 普通托儿所—幼儿园和幼儿园中的耳聋学前班
- 寄宿制聋校（弱听学校）的学前班
- （地区性）寄宿制学前机构

不完全中等教育
- 聋童寄宿学校
- 弱听儿童寄宿学校（第Ⅰ和第Ⅱ部）
- 普通学校中听觉损害儿童班

中等学校教育——青年工人学校（ШРМ）

职业教育 {
列宁格勒综合技术教育专科学校
普通专科学校中的特殊班
普通职业技术学校和技术学校中的特殊班
特殊职业技术学校和技术学校
聋人协会系统教学生产企业
}

高等教育 {
与有听觉学生一起在高校学习
高校中听觉损害大学生特殊班
}

从听觉损害儿童教育教学机构体系图中可以更清楚地看到：此类残疾儿童主要在专门为他们设立的特殊教育学校或班中学习，从幼儿一直到高校，但也有少量的与听觉正常人一起学习的情况。

以上两个图中所列的机构多数是教育部门领导的，但也有社会保障部门、卫生部门和社会团体（聋人协会、盲人协会）领导的。各个部门分工协作，各有侧重，但都考虑到每个残疾儿童的特点，创造适合他们成长的环境来进行教育。从对智力落后儿童教育机构的帮助与服务体系中可以看到这点：

教育部门侧重领导和管理幼儿园与学校，重点是教育教学机构；卫生部门领导和管理有较大成分医疗、诊断、疗养性质工作的机构，这里同时也进行教育工作，社会保障部门偏重于有社会救助性质的孤残和重残的教育工作。

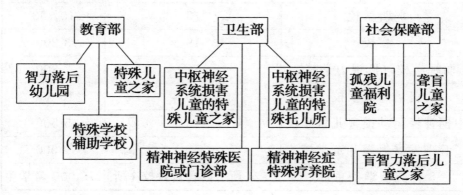

在苏联的特殊教育学校中学生人数的分类统计很少公布。苏联解体以后可以在一些文章和材料中看到这类数字。鲁鲍夫斯基教授在1994 年美国出版的一本书中发表的关于俄罗斯特殊教育的文章中说，在 1992 年开始时有 1809 所寄宿制和走读制的特殊学校，约有 293 000 名身心残疾的儿童学习。其中 1 445 所是辅助学校（智力落后儿童学校），学生 234 000 人，在普通学校的特殊班中还有 8 000 智力落后学生，心理发展迟缓儿童在普通学校中特殊班学习的约有 70 000 人，约有 116 000 名有言语障碍的学生在普通学校的语言矫正治疗室中得到了服务，这样的治疗室有 3 863 个，每个治疗室为 5—6 所学校服务。俄罗斯有聋校 80 所，重听学校 71 所，盲校 19 所，低视力学校 52 所，运动障碍学校 35 所，重度言语障碍学校 51 所，心理发展迟缓儿童学校48 所，盲-聋学校 1 所。共计约有 486 000 名残疾儿童受到教育，占整个学校学生数的 2.5%。

苏联解体后的俄罗斯教育部特殊教育处在 1993 年 5 月提供的全俄罗斯特殊教育的情况如下：

特殊教育学校名称	学校数	学生人数
智力落后儿童辅助学校	1 450	216 600
聋校	81	11 000
弱听学校	73	10 700
盲校	19	3 200
弱视学校（低视力学校）	52	7 300
言语障碍学校	60	10 800
中枢神经运动损害儿童学校	35	5 500
心理发展迟缓儿童学校	50	9 000
8 种类型学校总计	1 821 所（内含盲聋校 1 所）	275 000 名学生

此外还有普通学校中的特殊教育班有 119 400 名残疾学生（主要是心理发展迟缓儿童）。

这些学校绝大多数在城市，在农村的仅有 585 所。

入学的特殊学生约占学生总数的 2%，大约还有 2% 的特殊学生未能进入有特殊教育的学校。

苏联解体后，俄罗斯的特殊教育机构体系没有大的变动。根据俄罗斯教育部拟定的改革特殊教育机构的"示范章程"，特殊教育机构仍作为国民教育体系的一个组成部分。在特殊教育专门机构的"特殊"后面用括号加上了"矫正"二字，根据不同的任务和要求，仍然是 8 种类型的特殊教育机构：聋校（第 Ⅰ 类），弱听学校（第 Ⅱ 类），盲校（第 Ⅲ 类），弱视学校（第 Ⅳ 类），言语严重障碍学校（第 Ⅴ 类），直撑运动器官损害者学校（第 Ⅵ 类），心理发展迟缓学校（第 Ⅶ 类），智力落后学校（第 Ⅷ 类）。分类仍同从前一样，但建议每类残疾学校不用直接叫出残疾名称，而用罗马数字排出顺序，不直接给人以残疾的印象。这样更改学校名称表现出更人道地对待残疾儿童。在改革方案中对发展偏常的儿童教育要考虑到他们个体的需要与可能，可以有几种形式：寄宿制学校、特殊学校（不寄宿）、普通学校中的矫正班，普通教育班中的个别教学和家庭教学。他们没有同意关闭全部特殊教育学校使残疾学生到普通校上学的建议，仍然认为应有特殊教育学校，甚至是寄宿制学校，可以加强对个别人的工作，但不能取消特殊教育学校。他们强调，建立专门的特殊教育学校可使国家集中有限的财力为残疾青少年提供较好的学习条件和环境，这样更有利于残疾青少年学习知识和掌握本领，学到职业劳动技能，更有利于他们以平等成员的身份进入广阔的社会生活。而在社会中的生活时间要比在学校的时间长得多。如盲目让发育正常和残疾青少年混同学习，这当然有其道理，但在国家综合经济水平不够发达、每人不可能都受高等职业教育和整个教学条件不十分理想的情况下，势必使学校无力顾及和不能满足少数残疾学生的特殊需要，这反而影响了残疾学生的学习和成长。他们根据俄罗斯的具体情况，根据经济和教育的发展，经过不同见解的反复比较和交锋，教育部门决定不盲目效仿西方国家，建立残疾人教育的专门系统，为残疾青少年提供专门的教育教学设施，培养和配备专门的特教教师队伍，制订统一的专门教学计划、大纲和教材。他们开办了普通学校中的特殊班，命名为矫正班，这样可使一些残疾儿童就近入学，不必到大城市去寄宿读书，而且可以使更多的残疾儿童入学。而融合普通教育和特殊教育的共同教育思想可以在现有的特殊教育形式中贯彻。

在改革中他们规定可在Ⅰ、Ⅱ、Ⅲ、Ⅳ和Ⅴ类学校中建立智力落后儿童班，还可在所有特殊学校中建立综合多种残疾儿童班，每班人数不超过 5 人，重度智力落后班不超过 10 人。进行劳动教育时每个教学班可分成两组或男女生分开；课外活动或体育活动小组不超过 6 个人。

在鉴定学生入学方面，苏联有过盲目抄袭未经本地标准化的西方智力测验工具而造成智力落后扩大化的惨痛教训和长期用多学科、多种方法检查，进行质量描述、多专家综合分析完全排除智力测量和数量统计方法的历史，在苏联时期已开始形成医疗—教育鉴定的方法，组织了从地方到中央的专门医学—教育委员会，专门进行鉴定残疾儿童的工作，采用了一些智力测验的内容和形式，但不采用智商。苏联解体后，在新的改革"章程"中规定了在心理—医学—教育咨询会议推荐的基础上，由教育管理部门向特殊矫正教育机构派送残疾学生。这个心理—医学—教育咨询会议是深入研究和鉴定残疾儿童的中心。与苏联不同的是其扩大了家长的权利，家长可以对派送的特殊教育机构做出选择，没有残疾儿童家长或监护人的同意，咨询会议无权将残疾儿童派送到特殊学校。如果家长不同意把孩子送到特殊教育矫正机构去，那么应该提出使残疾儿童受到特殊教育的其他替代方案，例如普通学校的特殊矫正班、普通班中的个别教学等。

这个心理—医学—教育咨询会议的组成人员有：地区教育部门的代表（会议主席）、卫生部门的代表（副主席）、社会保障部门的代表；儿童精神神经科医生或精神病医生、耳鼻喉科医生、眼科医生、心理学专家、特殊教育专家、学前特殊教育工作者、言语矫正工作者、会议秘书。由教育部门和卫生部门协商聘请人员名单，为了检查的慎重，每天鉴定的人数不能超过10个儿童。这类组织在地方设立，如有什么分歧或不能确定的情况可转到上一级咨询会议，直到共和国专家咨询会议。

按规定，所有特殊教育机构（特别是义务教育阶段）的经费由国家开支，学生可免费食、宿和学习。所以任何特教机构的取消、改变性质都要由原建立的行政管理部门决定并经俄罗斯教育部同意。

近年由于俄罗斯经济困难，教育经费不足，已开始出现企业资助特殊学校并联合办学的情况。

三、其他国家的特殊教育体系和机构

美、俄两种特教体系虽各有自己的哲学思想和理论基础、各自的发展历史和具体情况、各自的优点和问题，但在特殊教育机构的形式上有很多共同之处，都有特殊教育学校，都有特殊班和在普通学校中的特殊教育，各种形式所包括的残疾儿童的比例不同。二者不是互相排斥和绝对对立的，不是哪一个最好、哪一个最坏，不是由一个替换一个的问题。只是二者的侧重点不同、出发点不同。因此，很多其他国家的特殊教育体系常是兼有上述两种体系的某些形式以适应该地区和国家的具体情况，同时也有某些自己的具体做法和特点。

日本是一个善于向外国学习并创造性发展自己的国家。日本的教育在二次世界大战后基本上是按美国帮助制订的方案来发展的。但日本的特殊教育传统和发展却有与美国不同的地方。

日本的《学校教育法》（1947年制定，1976年最后修订）第74条（设置义务）中明确规定："都道府县应为生活在其管辖地区内的学龄儿童……中的盲人、聋人、精神薄弱者、肢体不自由者或病弱者，开设盲人学校、聋人学校和养护学校，以便让他们就学。"同时还规定了残疾儿童家长有义务让自己的孩子在特殊学校就读。日本现在已普及了特殊的义务教育。日、美两国特殊教育入学率比较如下：

特殊教育入学率（日、美比较）（截至1991年5月1日）

	美国	日本
盲、聋、养护学校	0.4%	0.37%
特殊班级	2.3%	0.52%
资源教室	4.0%	0.08%
（通级指导）		
普通班中的特殊教育	2.5%	—
合计	9.2%	0.97%

日本以身心障碍儿童为对象的特殊教育体系中有三大类五种学校，即：盲童学校、聋童学校、养护学校（又分为精神薄弱学校、肢体残

疾学校和病弱儿童学校）；此外还有设在普通中小学中的特殊班级，共七种：智力落后班、肢残班、病弱及身体虚弱班、弱视（低视力）班、重听班、言语障碍班、情绪障碍班。进入特殊学校还是特殊班，国家有明确规定，一般是损害程度重的进入特殊学校，轻度的进入特殊班，对轻度肢体残疾和健康障碍的儿童可在普通班加特殊辅导。在入学前5个月要根据《学校保健法》进行健康诊断，以便教育行政部门依照法令发出入学通知书。盲、聋、养护学校一般都有幼稚部、小学部、中学部（初中）、高中部，有的还有专科职业教育部。再高一层的学习就要进入普通大学了。截止到1995年5月1日（平成七年5月1日），日本有特殊教育学校967所（国立45所，公立905所，私立17所），23 043班，86 834名学生。其中盲学校70所，1 425班，4 611人；聋学校107所，2 032班，7 257人；智力落后学校501所，12 052班，52 102人；肢体残疾学校192所。5 904班，18 131人；病弱儿童学校97所，1 630班，4 733人。特殊班共有22 292个（学生66 039人），其中智力落后班14 817个（学生45 762人），肢体残疾班830个（1 561人），病弱儿童班599个（1 678人），低视力班96个（152人），重听班506个（1 201人），言语障碍班980个（3 380人），情绪障碍班4 464个（12 305人）。特殊教育学校专职教员51 913人，兼职教员1 691人；特教班教师24 530人。在特殊学校中还设有多重障碍班（包括幼儿班、小学班、中学班和高中班）。日本的盲聋校数量在二次大战后没有多大变化，但人数有过波动；智力落后教育学校数增长很快，人数20世纪80年代达到高潮，以后逐渐减少。在日本的特殊教育体系中有两点与其他国家不同。一个是20世纪70年代末提出、80年代有很大发展的交流教育，即让普通学校和特殊学校有各种活动的经常性的交流，互相参加各种活动。这种交流教育已进入了中小学教育课程。

这样既有适合残疾儿童特点的特殊教育，又有与普通儿童更多的社会交往，与正常化、融合的思想一致。另一个是通级班级，20 世纪 90 年代提出并形成了制度。这是对固定式特殊班级的一种指导方式外的另一种方式，即"在普通班级中对处于临界线儿童进行指导时，除在编班及教育课程的安排等方面给以照顾之外，根据需要可以考虑设立特殊的指导场所进行指导。各科的课程主要在普通班级学习，根据身心障碍的情况在特殊班级或特定的指导机构接受特别指导。"这实际是对在普通班学习中有困难学生特殊教育需要的一种课外的辅导服务。在正式提出"通级"概念和形成制度之前，在日本的特殊班级中就有过这类性质的辅导，其中有的特殊班学生每周有 1 小时或 1 小时以上到普通班上课，也有非特殊班学生每周到特殊班上 1 小时或 1 小时以上课程，中、小学的特殊班都有这样的情况。上述第一种情况在 1988 年有 85 376 人，第二种情况有 12 793 人，包括七个种类的特教班。这里既有在一个学校内的"通级"，又有到外校的"通级"。通级学生中言语障碍的比例最高，其次是重听、弱视、情绪障碍等。据统计，在小学的言语障碍班每周平均 3 学时，重听班 6 学时，弱视班 9 学时。交流教育和通级指导是日本特殊教育体系中一种具有特色的组织形式，并将得到进一步发展。

丹麦是提出"正常化"思想的国家。班克·米克尔森在批判集中收容智力落后的收容所时提出："障碍者、精神迟滞者应与普通市民一样，具有同等的生存权利，使他们的生活尽可能地接近普通市民的生活条件和生活方式。"1986 年瑞典人尼尔吉在美国把这种观点表述为："保障精神迟滞者，尽可能使他们日常的生活类型和状态与成为社会主要潮流的生活模式相接近。"丹麦的特殊教育体系的情况既有与美、俄体系的相同处，又有其自己的特点。根据丹麦人卓根森编的《丹麦特殊教育》所示，在500万丹麦人口中有80万学龄儿童，其中有12.5万个需要特殊教育的人。而这些残疾儿童：①在有补充辅导的普通中小学融合班中学习的有10万人；②在普通中小学的特殊班中有1.5万人；③在特殊教育学校中有1万人。在这个正常化和融合普教与特教的倡始国家把融合分成几个不同层次（或水平）：

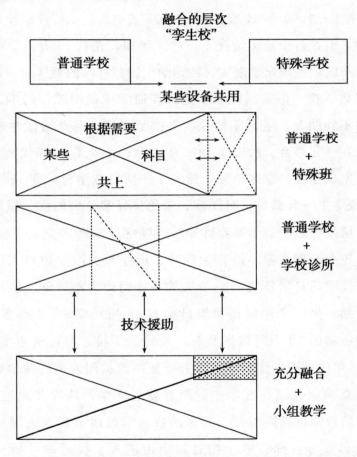

在丹麦的市政委员会特殊教育服务处下有特殊学校（除了收盲、聋、智力落后、言语障碍、运动障碍者外，还收癫痫病童、字盲儿童等），普通学校特殊班（除收一般身心障碍者外，还有阅读落后者、儿

童精神病人，并设有观察班等），学校诊疗所，"双教师系统"，补充特殊教育辅导等。还有成人的特殊教育体系与社会、公民保健服务部门的合作。

北欧的挪威也是被列入完全融合体系的国家。1982 年特殊教育学校 89 所，教师 1 061 人，学生 3 178 人；1984 年 87 所，1 049 名教师，3 135 名学生；1990 年 84 所学校，2 427 名学生。在特殊学校数量上总数在减少，但在各个地区情况不一样。例如，在有 15 万人口的特拉门市，有 8 个区，是国家早期实行特殊学生回归社区的地区之一，取消了特殊的寄宿学校。但是，特殊学生到普通学校很困难，孤单、得不到成功、找不到朋友、生活不愉快、失去了自信、与普通学生的差异太大、无法在一起融合。所以在 1975 年融合后，到了 90 年代又经教育部门研究、家长建议、专家论证，建立了一所特殊学校，到 1993 年时此校有 48 位学生（含脑伤、自闭症、染色体异常、失语症、癫痫、先天愚症、言语发展迟缓、学习障碍等），年龄在 6—20 岁，18 位老师，18 位助教，还有心理专家、语言治疗师、理疗师、医疗护理人员，单独的建筑和优美的自然环境。3—6 人为一小组，大部分学生执行单独个别教学计划。另一个小城市唐斯贝格有 16 所小学，3 100 多名学生，原来小城所辖的 10 个行政区共有一所特殊学校，经过两年半的讨论，最后在 90 年代由地方议会经过多方听证决定关闭这所特殊学校。大部分家长愿意残疾儿童住在家中，愿意就近入学，残疾儿童进入普小，特殊学校的教师也随同前往，原来的特教学校改成残疾人辅导中心和特殊幼儿园。有一部分学生相对集中地进入了就近的一所"加强学校"。这所学校 425 名学生，90 名教师，其中特殊教育的学生 15 人，特教教师 10 人，助手 5 人，有 3—4 个专门的辅导教室。对 2 名重度自闭症儿童单独有教室和专人、一对一教学，在学生有愿望时到普通班去一下，以此保证每个儿童的受教育权。对于某些有稀有病的残疾儿童，因其行动、语言交往等方面的困难，在有楼房教室的普通学校中为其设有单独的一套平房（包括活动室、训练器材、休息室、卫生间等）。一周有4位老师和2位助手对其进行训练和护理，每次至少有2位老师帮助这个残疾学生。挪威的情况表明，在总的特教体系中每一个具体地方的具体情况不同，实现的形式可以有所不同，以适应具体儿童和家长的需要。

在一些发展中国家常有混合了隔离校和回归主流两种体系的情况。例如，泰国在教育部特殊教育处下属的学校、学生和教师情况如下：

泰国特殊教育学校、学生和教师数（1991）

盲童学校	4	414	50
盲童回归主流	19	285	11
聋童学校	9	2 678	321
重听儿童回归主流	7	289	15
肢残儿童学校	1	233	24
智能不足儿童学校	3	757	62
学习迟钝儿童回归主流	23	890	39
医院长期养护儿童	10	279	24
福利学校	26	16 207	965
总计	101	21 990	1511

而1991—2000年特教发展计划是：

项目	年份										总计
	1991	1992	1993	1994	1995	1996	1997	1998	1999	2000	
盲童学校			1				1				2
聋童回归主流		10	10	10	10	10	10	10	10	10	90
聋童学校	1	1		1		1	1	1	1	1	8
重听儿童回归主流											
智能不足儿童学校	1	1	1	1	1	1	1	1	1	1	10
肢残儿童学校				1					1		2
学习迟钝儿童回归主流	9	36	10	15	15	15	10	10	10	10	140
医院长期养护儿童		1	1	1	1	1	1	1	1	1	9
福利学校		3	3	3	3	3	3	3	3	3	27

类似的计划也在东南亚的菲律宾等国执行。

综上所述，可以看到，不管是发达国家，还是发展中国家，不管是特殊教育发展较早还是较迟的国家，也不管各个体系中的不同之处，各个国家和地区特殊教育机构和体系有如下共同点：

1. 各个国家的特殊教育在现代社会中都被认为是整个教育的一个组成部分，因此，特殊教育体系总的讲与当地的整个教育体系是相适应的。有的是作为整个体系，特别是义务教育的一个组成部分，在整个体系图中的旁边占有一个小位置。有的是与整个体系的各个层次、各个部分都有双向交流的机构。这里有一个共同的观念，即残疾儿童也是人，也是儿童，也是该社会发展中的一部分。苏联著名心理学家维果茨基早在 1924 年就讲过，盲人，首先是人，而后才是特殊的人，即盲人。美国有学者也讲过，所有儿童都是个体，而有些人有特殊教育的需要。但是，所有儿童都是人。这个认识跨越了不同哲学和社会制度的界限，都承认了在社会上生活的残疾人和非残疾人都是社会上的人，不能把残疾人排除在"人"之外，他们有平等的权利。所以这部分人的教育制度和体系就应和其所处社会的教育制度和体系有基本的共同点。

2. 各种体系都承认残疾人有与非残疾人不同的特点，即在教育上有区别于普通人的特殊教育需要。因此在确定其教育体系、教育机构的形式等问题时要注意满足其不同的需要。回归主流的体系强调社会生活的共性多些，专门特殊教育机构体系强调满足特殊需要多些，但二者都在根据自己的理解和具体情况来满足残疾人的特殊需要，按照自己的国家情况来处理不断变化的残疾人特性与共性的相互关系。所以在各种体系中对待不同程度、不同种类的残疾人都有不同方式的特殊服务或帮助。

3. 各种体系下的发展不平衡性和多样性。在一个总的特殊教育体系下，各个地方在不同时期和面对不同的特殊教育对象、特殊教育机构和形式的发展是不平衡的，是多种多样的，而且一个地方也会在不同时期有不同的变化。美国的各个州之间、苏联的20世纪60—70年代与80年代后、挪威的特拉门和唐斯贝格的情况就是例证。

这些共同点并没有排除各个地方具体历史、文化经济情况、生源情况、人们认识和态度等所造成的差异和特点。

第四章 特殊教育的课程与教学

课程在实现教育目标中是一个重要的问题。在特殊教育中也同样如此。通过课程（这是在儿童和青少年教育中占用时间最多的部分）和其他教育活动把残疾学生培养成符合社会和国家需要的人。在不同国家、不同类残疾、不同的年龄阶段课程的内容、进行的方法、组织形式等均有所差别；在学前、学龄义务教育阶段和义务教育后阶段虽有与该国普通教育的相同之处，但又有各自的特点；不同教育安置形式（如特殊学校和回归主流的混合班级）中的特殊教育课程也有所不同。

一、课程和内容

（一）中央控制的特殊教育课程

从教育制度和体系上看，日本、俄罗斯等国是由中央政府控制着国家的教育权并决定教育的重要问题，规定统一的课程、教学计划、大纲和教材等，各地统一执行。地方仅有较小的使用地方乡土教材的权利。所以这类国家的普通教育课程和内容除直接影响着特殊教育外，常常有中央政府以教育部门法令的形式或有法律性质文件的形式规定着特殊教育的课程。

日本在 1947 年制定并在 1989 年最后修订的《学校教育法施行细则》（以 1989 年文部省第 46 号令形式公布）中，按照《学校教育法》的授权做了规定。《学校教育法》第 73 条教学科目条款中明确指出："盲人学校、聋人学校和养护学校小学部和初中部的教学科目，高中部的教学科目和课程以及幼儿园部的保育内容，应参照小学、初中、高中和幼儿园的教学科目和课程内容，由主管部门规定。"《学校教育法施行细则》第 73 条之 7 特殊教育小学部的课程规定为"盲校、聋校、养护学校小学部的教育课程包括国语、算术、社会、自然、音乐、美劳、家事、体育等学科（智力落后养护学校的课程可分为生活教育、国语、算术、音乐、美劳、体育等）及道德教育、特别活动、养护训练等课程"。在 1989 年修订之前的盲、聋校小学课程为国语、社会、算术、理科、音乐、图画、家庭和体育，智力落后学校小学的课程为生活、国语、算术、音乐、图画、体育各科。此外道德、特别活动及养护训练课依旧。新的修改自 1992 年 4 月 1 日起施行。新的修改中有的是把课的顺序变化，如盲、聋校中的算术提到了社会前面；有的是改动了名称，如把理科改为自然，图画改为美劳。在这个《施行细则》中还规定了初中和高中的课程：

盲校、聋校、养护学校初中的教育课程包括必修科目、选修科目、道德教育、特别活动和养护训练等。

必修科目是：国语、社会、数学、自然、音乐、美术、保健体育、技术与家庭（智力落后学校初中为"职业与家庭"）等。

选修科目是：国语、社会、自然、数学、音乐、美术、保健体育、技术与家庭、外国语（智力落后者初中不选）及其他特殊需要的科目，应考虑当地的情况、学生的特点和出路。

高中的课程各类残疾学校不完全相同。修订后盲校高中的课程是：国语（含国语Ⅰ、国语Ⅱ、国语表达、现代语、古典、古典讲读等），史地（世界史、日本史、地理等），公民（现代社会、伦理、政治与经济等），数学，自然科学（综合自然、物理、化学、生物、地球科学等），保健体育（体育、保健等），艺术（音乐、美术、工艺、书法等），外国语（英语、口语交流、阅读、写作等），家事（一般家政、生活技术、家庭信息处理、服装、食品、保育、家庭管理、居住、家庭看护、福利、经济消费、制作服装、材料与管理、烹饪、营养与食品卫生、公共卫生、儿童保健、儿童心理等），音乐（音乐理论、音乐史、演奏法、合唱、声乐、器乐、作曲等）。职业教育性质的课程有调音（调音理论、乐器构造、乐器修理、调音实习、专题研究等），保健理疗（保健理疗概论、解剖与生理、病理、临床医学、公共卫生、康复医学、东洋医学、保健理疗理论与临床论、实习、保健理疗信息处理、专题研究等），理疗（概论、卫生学与公共卫生学、解剖学、生理学、病理学、临床医学概论、康复医学、东洋医学概论、经络概论，理疗理论与临床，实习、信息处理、专题研究等），物理治疗（解剖学、生理学、运动学、病理学概论、临床心理学、康复概论、康复医学、内科学、整形外科学、神经内科学、精神医学、小儿科学、人类发展学、物理治疗概论、临床运动学、物理治疗、日常生活活动、生活环境论、假肢辅具学、物理治疗技术论、实习、信息处理、专题研究等），其他特殊需要的学科。

聋校高中的课程：国语、地理、历史、公民、数学、自然科学、保健体育、艺术、外国语、家事等。这些科目所包含的总内容与盲校高中相同，只是在职业教育性质的课程和内容不同。聋校高中的职业教育性质课程有：农业（基础农业、农业信息处理、作物、栽培环境、蔬菜、果树、花草、畜牧、饲料、农业机械、造园计划、材料和施工、食品加工、生活园艺、农业管理、综合实习、专题研究等）；工业（基础工业、实习、制图、工业数理、机械工作、发动机、机械设计、电子机械、汽车工学、汽车装备、电气基础、电子技术、电子信息、程序设计、硬件及软件技术、电脑应用、化学工业、工业材料、陶艺化学、陶艺材料与技术、纤维制品、染织设计与技术、室内设计与装备、木材工艺、工业管理技术、基础材料技术、工业英语、专题研究等）；商业（簿记、计算事务、商品制造与销售、商业设计、商业经济、商业法规、经营、国际经济、会计、税务、文书处理、程序设计、经营信息及处理等）；印刷（印刷概论、照相制版、印刷机械与材料、图案与制图、照相化学与光学、文书处理与管理、画像技术、印刷综合实习、专题研究等）；理发与美容（卫生法规、生理解剖、消毒方法、传染病、公共卫生、皮肤科学、理发美容、物理化学、理发美容理论与实习、信息处理、专题研究等）；洗衣（洗衣法规、公共卫生、洗衣理论、纤维、洗衣机器与装置、实习、专题研究等）；美术（美术概论、美术史、素描、绘画、版画、雕塑、视觉设计、工艺设计、图法与制图、影像技术、电脑造型、环境造型等）；牙科技工（牙科技工有关法规、牙科技工概论、牙齿解剖、义齿技工学、牙冠修复技工学、矫正技工学、儿童牙科技工学、牙科铸造学、牙科理工学、牙科技工实习、信息处理、专题研究等）。

养护学校高中（除智力落后高中外）的课程基本上与上两类高中相同。家事、农业、工业、商业等学科的内容略有简化。智力落后者的高中是年龄上的高中，实际学习的内容和水平低于一般的高中。

所列职业教育性质的科目是国家法令规定的内容，但不是每一个人或每一种职业（如工业、农业）要把所有科目学完，可以根据具体情况来施行，还可以合科授课。对多种残疾的学生要依情况合科授课或教师巡回施教。

在日本文部省的法令中还规定了与普通小学和初中相同的学年划分和学科的授课学时。

小学部的课时分配表

科目		第1学年	第2学年	第3学年	第4学年	第5学年	第6学年
学科	国语	272	280	280	280	210	210
	社会	68	70	105	105	105	105
	算术	136	175	175	175	175	175
	理科	68	70	105	105	105	105
	音乐	68	70	70	70	70	70
	图画	68	70	70	70	70	70
	家庭	/	/	/	/	70	70
	体育	102	105	105	105	105	105
道 德		34	35	35	35	35	35
特别活动		34	35	35	70	70	70
总课时		850	910	980	1015	1015	1015

每学年 35 周，每节课 45 分钟。

初中部的课时分配表

科目 / 学年	必修学科								道德教育	特别活动	选修课	总课时
	国语	社会	数学	理科	音乐	美术	保健体育	技术和家庭				
第1学年	175	140	105	105	70	70	105	70	35	70	105	1050
第2学年	140	140	140	105	70	70	105	70	35	70	105	1050
第3学年	140	105	140	140	35	35	105	105	35	70	105	1050

每学年 35 周，每节课 50 分钟。

从以上日本特殊教育的课程看：①课程是由国家统一制订的；

②特殊教育课程和普通教育课程在文化科学基础知识和技能方面，从科目名称到总的内容要求基本是一致的；③在知识和技能上没有针对特殊儿童的特殊课程，仅是对各类残疾儿童均增加了"养护训练"的活动，对智力落后儿童在课程内容安排上做了变动；④国家在规定高中课程时对残疾青年增加了多种类职业性质的专业课程，这些专业比传统的少数专业更现代化、更广泛，为残疾人中等教育后的就业开辟了更大的可能性。

在中央统一规定特殊教育课程的俄罗斯，除在中央统一制订教学计划、教学大纲和统一教材与日本类似外，在针对每一类残疾儿童的特殊性确定课程上有别于日本。

根据 1996 年《身体健康受局限儿童普通教育的标准概念》第 3 次修改稿中的规定，各类特殊教育的课程如下：

聋校 1—7 年级使用专门制订的特殊教学计划和大纲，其基本的普通教育科目有俄语、数学、实物—实践课、自然、认识周围世界。补偿矫正缺陷的特殊课程有：发展损害了的听觉机能，形成言语的发音，音乐律动作业。8—10 年级按照普通学校的大纲来进行一般教育课程，补偿矫正缺陷的特殊课程有：发展听觉和形成有声语言。此外劳动教育有：理论课、劳动实践和社会公益劳动。10 年制仅完成不完全的中等教育，12 年制的聋校要完成完全的中等教育。基础课程是必修的，中学还有选修课。1995 年出版了聋校大纲。

弱听与后聋儿童学校依学生的语言水平分成两个部分，第一部分学生有较好的言语，第二部分学生言语水平较低。1994 年出版了弱听和后聋特殊学校的大纲。在预备班中的课程有俄文、数学、认识周围世界、造型艺术、劳动教育、体育、发展听觉、发音教学。1—4 年级（小学部分）的教学课程与普通学校类似，只是考虑到这类孩子的特点，特别是听觉水平降低和语言上的困难而提出了特殊要求，保证缺陷的补偿和形成言语的实际能力。在俄文、认识周围世界、发展听觉、发音教学等课程更要担负这方面的任务。中学阶段基本上按普通学校的大纲，但并不排除依据具体情况在知识内容和范围上做某些改变，并为这类学校的劳动教育专门编制了大纲。

盲校的基本教学计划就是普通学校的教学计划和课程，只是注意到盲童感知外部世界的特点。除一般课程外，也有一组矫正缺陷的课程，这包括：医疗体操，剩余视力的发展和保护，触觉和手的精细动作的发展，空间定向，盲制图学，社会日常生活定向，认识活动的发展，表情的发展，律动，家务劳动。

低视力儿童学校的基本教学计划与普通学校相同，只是增加了矫正缺陷的一组课程：发展视知觉，发展认识活动，发展触觉和手的精细动作，发展面部表情，发展空间定向，家务劳动，医疗体育。

对于由脑瘫等引起的肢体残疾儿童教育的教学计划有较大灵活性，以适应儿童损害的特殊性。在预备班中有造型活动和积木构建基础、律动、游戏以及自我服务、日常定向、知觉训练等特殊课程。必修的文化科学课程有：民族语言，国家语言（俄文）和文学，外语，数学，认识周围世界，自然，地理，历史和社会学概论，物理和天文学，化学，生物学，信息论，造型艺术和制图，音乐和律动，自我服务和社会生活定向，劳动和职业教学，体育和医疗体育，矫正发展活动。劳动和职业培养在整个教育中占有重要地位，这可以发展低视力学生手的精细动作，补偿缺陷和对未来职业的社会适应，12年分为三个阶段：1—4年级、5—9年级和10—12年级。在高年级初步职业教育中社会保障部建议有如下职业：外语、程序设计、文秘、艺术、劳动和手工艺、摄影业、无线电、财会等。

对于情感和行为方面损害儿童的教育，其中也包括婴儿孤独症的教育，因为其特殊性没有统一的教学计划，依儿童的特点和教育可能性可把类似的儿童分成小组，特别要依智力有无损害和交往困难程度来区分。

智力落后儿童教育有其特殊性。除了可设预备班外，在九年制教育中1—4年级为小学阶段，主要是普通教育的准备和矫正等特殊任务，5—9年级的各科教学仅是初步的，劳动教育有职业方向性。基础教学计划中要有传统的课程、特殊补偿的课程、融合的作业以及个人或小组的补偿作业。1—9年级的传统课程是：俄语的阅读和书写、数学、生物学、地理、造型艺术、唱歌和音乐、体育、劳动教育和职业教育。新增加的课程有自然（5年级）、社会入门或公民基础（8—9年级）。制图有实用性，列入职业教育内容，不单设课。补偿性质的特殊作业有融合的性质，在1—5年级有发展口头言语作业，在学习学科和周围现实活动的基础上进行。在高年级（5—9年级）有社会生活定向课。从预备班到7年级有个别或小组进行的言语矫正作业，从预备班到4年级和个别或小组进行的医疗体育课和其他矫正作业。可以在智力落后学校依当地和学生情况设1—3年的班级或培训班继续进行教育，加深职业和生产教育，可以在现代化生产企业或职业技术学校中进行。课程的名称与普通学校相同，但内容不相同，俄文、数学等更有实用性质。

言语严重损害儿童的类型有多种，既有言语发展迟缓或不足者，也有阅读或书写损害者，更有语言、交往障碍或口吃者。这类学校依言语障碍损害程度一般分两个部分，都把教学、发展和矫正统一起来，一般都可按普通的大纲教学。重度的损害或伴有较重的其他损害者的情况更复杂些。第一部分是各种原因言语尚未形成的，包括书面语读写问题，第二部分是有各种病因的交往损害。两部分均有普通教育的课程，但在开始阶段排除外语课；在民族语言课中增加矫正科目，如发音、言语发展；有专门的个别言语矫正作业。

多重残疾学生的教育因学生损害多种多样而千差万别。俄罗斯分出了25种复杂损害的情况，如聋心理发展迟缓、聋智力落后、盲智力落后、又聋又盲、肢残智力落后、聋盲智力落后等等。这类儿童的教学计划要考虑到其残疾种类的几个教学计划，要用更多的课时（1.5—2倍时间），删除特别困难的部分，劳动教育要进行，矫正缺陷的作业占有更多的位置。

上述俄罗斯特殊教育课程与20世纪80年代的苏联特殊教育的课程相比，由于学校教育的目标和任务变化，其内容当然会有变化。但课程的名称和基本科目总的保留了下来，仍然与普通教育有着密切的联系，体现了特殊教育是教育的一个组成部分。在课程的科目中，特别是劳动内容中有了时代的内容，如信息、计算机等。此外，还可以看到两个不同，一个是增加了特殊学校教育的类型（情感和行为障碍，多重障碍），另一个是每种类型学校中除一般教育的课程、与普通学校相同的课程外，增加和强调了特殊的补偿课程。这一点与俄罗斯对特殊教育对象的认识和态度密切相关。

（二）中央不控制的特殊教育课程

美国是中央政府不制订统一教学计划、教学大纲和编制教材的国家，由州和地方教育当局负责决定和编制公立学校的课程。各级学校都没有全国通用的课程。曾有过为中小学编制新课程的努力，但大部分学校的课程还是根据出版商编印的教科书开设。在教育分权制的美国，常用一些有影响的全国性测验来标准化。特殊教育的课程和普通教育的情况完全相同，中央教育行政部门不为特殊教育编制统一的课程。大部分州要求学生良好地完成包括语言（英语）、数学、科学、社会研究、体育等若干门规定的课程，这是最低限度的要求。有的州还有美国（或本州）历史、性教育等课程。许多州在3或4年级、6年级、8或9年级、11或12年级进行阅读、写作和数学三科的最低能力测验。而平时的课程州政府不加控制。美国在正常学校学习的特殊学生（或称回归主流的学生）的主要学习课程和其所在地学校的普通学生一样。在特殊学校或特殊班的特殊学生常有依据残疾特点的课程，这些课程依不同残疾种类、不同年龄阶段和不同地区、不同时间有所不同。例如，对于智力落后的学生，美国按程度曾分为可教育的、可训练的和需要监护的，也就是说分为轻度、中度和极重度的智力落后，每类儿童的课程和内容不完全相同。根据有美国特殊教育之父称谓的柯克的论述，轻度智力落后儿童学习的课程和小学类似，包括阅读、书写、语言、算术、自然、美术、体育、休闲娱乐、增进个人社会和职业能力等科目，当然还有社会和职业的具体技能。而对中度智力落后儿童的课程要发展儿童的自我照顾和主动的能力，增进儿童在家庭及周围社会的适应能力，在家庭或保护性环境中的经济上自立能力，培养的基本技能为：有限的阅读能力、算术、写字、语言（说话和理解）、社会知识、表演、美工、卫生保健、实用技能（含家务劳动）、动作发展、音乐等。上述观点是在柯克的《特殊儿童教育》（第四版）中论述的，而在第五版中没再分成轻中度智力落后论述，而仅是讲教育中的四个主要内容和范围：阅读和学科技能（在小学阶段的阅读和算术能力是重点，以后要运用到工作和社区中），交往和语言发展（实际运用语言是交往的需要，促进记忆力和解决问题的能力），社会化（自我保护和家庭生活能力，性教育、用药、装饰、舞蹈等），职前和职业技能（职业需要的准备和基础等）。在从学校转向工作岗位方面，柯克引用一个表格来说明智力落后儿童的课程分布：

职业培养表

大致年龄段	大纲种类	课程重点	参与学科
5—12	特殊班	态度，行为，职业教育，学术学科，自我照顾技能	特殊教育
12—15	职前班	职业意识，日常生活的活动，社会技能，工作习惯，学术学科	特殊教育 职业教育
15—18	职业训练	相关学术学科，技能训练，社会技能，工作习惯，日常生活的活动	特殊教育 职业教育 职业康复

18—19	竞争性就业训练	基础任务，在职训练，社会技能，日常生活的活动，工作习惯	特殊教育职业教育职业康复
17—成人	庇护性工厂	根据需要提供支持（个别化教学计划指定的）	职业康复（为 17—21 岁学生的特殊教育和职业教育）
17—成人	竞争性就业	同"庇护性工厂"	同"庇护性工厂"

在早期教育上美国的有关法令（如公法 99—457）提到了对残疾婴幼儿的早期干预应注意的方面，即：生理发展、认知发展、语言发展、心理社会发展、生活自理技能。这些不是课程的规定，但实际上在一些地方就把这些方面作为了课程。

美国在 1975 年通过的公法 94—142 中强调对每一个残疾儿童制订适合该儿童的个别化教学计划，因此每个学生的培养目标（长期和短期）以及所用课程也不相同。下面引用一个计划表格中所列的部分内容：

表中列举了多特殊性：行为障碍，视觉损害，盲，言语损害，发音问题，流畅性问题，嗓音问题，多种残疾，智力落后，听觉损害，聋，学习障碍，其他健康损害，肢体残疾，聋盲，孤独症，脑外伤。

在要进行的课程和促进发展的学科方面列举了 14 项：阅读，数学，书面语言，口头语言，学习技能，社会适应行为，职前和职业训练，运动技能，自理，基本学科，家庭社区生活，感觉刺激，提高课程和其他方面。

综上所述，美国特殊教育的课程由于其在教育上各州分权和法令规定尽可能在最少受限制环境中学习，所以残疾儿童基本上是随当地学校的课程学习的，在全国不统一，在一个地方是统一的；主要课程上是统一的，在每个人的具体安排 IEP 上又是有特殊性的；在不同年龄段（幼儿、学龄和就业前）的课程重点和各种课所占比重是不同的；各类残疾儿童、各种程度残疾儿童的课程又有其特殊性。这些课程强调适合每个人的需要和情况，但基本的读、写、算等课程在一定阶段结束时要有统一的要求和测验。美国联邦 20 世纪 50 年代后对加强课程做了不少努力，但基本上仍是州对中小学课程承担主要责任。

二、教学方法和手段

教学方法是教师和学生为完成教学任务、课程内容使学生掌握所采取的工作方式，也可以说是师生为达到教育目标而采取的相互关联的动作体系。这里既有内隐的智力操作活动，又有外显的读、写、练、讲等活动。这里既有老师的教法，又有学生的学法。在与视、听感觉器官缺失的学生或智力严重损害的儿童交往中还有一个交往工具或手段的问题，因为盲人一般不能用普通印刷的字体读、写，聋人一般不能用口语传授，严重智力残疾者抽象概括能力差，难以用普通方式交往。所以，教学方法和使用的交往手段在特殊教育的课程中就是一个更加重要的问题。在特殊教育产生的历史上，教学方法或工具的创造与突破常是推动某一类特殊教育产生和发展的重要因素。当然，任何一种教学方法的使用都是受教学目的、教学内容、教育对象的特点、师生的水平和经验制约的，也受到社会的发展、科技的进步、教育思想的发展以及教育的物质投入等影响。特殊教育的教学方法也不例外。

特殊教育的教学方法和手段的发展不只直接影响着特殊教育课程的发展，甚至影响到其取舍与存亡。技术手段和方法的发展使得盲校设置图画、聋校设置音乐课，盲人也可做物理和化学实验。

（一）共同的方法

特殊教育是教育的一个组成部分，所以普通教育在进行课程教学时使用的方法原则上都可以在特殊教育中采用。在普通学校的普通班中学习的各种残疾学生与普通学生一样在接受着各种教法和使用着各种学法。在各类特殊教育学校中特殊教育教师也在使用着该国、该地区一般采用的教法。不管把教法怎样分类，特殊教育可以使用反映了成功教学规律的讲述、谈话、演示、试验、练习；分析、综合、演绎、推理；复习、探索；情境设置、游戏；口述、书面检查、操作检查等方法。这里重要的是要考虑该类和该生的特点与可能性，要使用他们可以理解的和使用的交往工具与手段。例如，直观教具在各种情况下都可采用，对盲生就要用触觉触摸，对某些使手指皮肤有危险或易刺伤的部分就应取消，而且应加上更多的说明；对智力落后儿童就应给以更多的时间，不只要看，还可以摸、闻甚至尝，更要运用其保存的所有感官。同样是用口语讲述，在聋校就可配合以手势，老师的脸部要面向学生，以使聋生可以通过看口形的变化来理解，老师不能面向黑板写字时解释，因为全聋学生看不见老师口形的变化；老师也不能边用教鞭指黑板边解释，普通学生是可以同时用耳和眼配合感知的，但仅用眼的耳聋学生是不可能同时感知教鞭指的黑板和老师的口形动作。也就是说，共同有效的教学方法都可以用，但要结合所教对象和学科的具体情况来创造性运用，要照顾特殊性。

（二）特殊的方法和手段

由于特殊教育需要的学生有认识活动的特点，特殊教育有特殊的、补偿缺陷的任务，特殊教育中还有一些特殊的课程，这些仅用普通教育中的教学方法或仅考虑残疾学生特点而用普通的方法和手段是不够的。因此，在各国特殊教育的发展中形成了一些特殊的方法和手段。

1. "手口之争"的聋教学方法

聋童教学领域的口语和手语之争在第一章聋校建立的历史中已经介绍过了。在1880年米兰会议上对用什么方法教聋人的问题展开了争论，但实际上"手口之争"一直没有停止过。欧洲特殊教育历史上的法国"手语法"和德国的"口语法"之争，实质上不是我们一般说的教学方法之争。"口语法""手语法"所讲的"法"不是我们说的教学方法，我们的概念是教师和学生完成教学任务所采用的工作方式或学习方式，是一般的教学方法或各学科的教学法。而口语或手语是与聋人或聋人间交往的一种工具或手段，或者说是对聋人教学的一种工具或手段，是运用讲授、讨论等教学方法时与聋人交流的一种工具。当然，从某种意义上讲，工具也可属于方法，但在聋人教学中把一般意义上的教学方法与和聋人交往使用的手段区分开更有利。

目前在一些国家仍然有强调对聋人教学使用手语的手势法，在美国著名的加洛德特聋人大学、罗切斯特聋人理工学院及在一些州的聋校中，在英国的一些大学（如布列斯特尔大学聋人手语研究中心）仍然把手语作为主要的教学工具，使用的是手势语体系或叫做"手语法"。但在这些国家也有另一些人和单位强调用口语和聋人交往（如英国的曼彻斯特大学的特殊教育学派，在美国的某些州的聋人语言学校和在很多其他国家），这些被叫做"口语法"。

当然，如果从交际（交往或交流）的手段和工具来说，在欧洲历史上有过手指语法、书面语法、看话（或叫"看口"）等方法。这是指开始教聋儿时用什么方式，有的从字卡开始整体认识一个字和实物的联系，逐渐积累，慢慢掌握语言，这些人既不用手势，又不先学发音，常常是会阅读，可与人用书面语交往。也有的用手指字母（即用手指的不同组合与位置表示该国的拼音字母）连续用手指的变化表示一个拼音的词，不用手势，也不强调发音，先用手指语使儿童得到发展，然后再学习社会上通用的书面语和口语，俄罗斯就在近半个世纪试验和应用了这个方法。

在欧洲，特别是丹麦等国家实验和提出了"综合交往法"，一般认为在与聋生交往时不要仅限于手势或口语，应充分利用聋生的可能性，可以同时用口语、手语、书面语、手指语，甚至剩余听力、图画等，这种方法实际上已经在很多国家被采用。不过，也有的学者把"综合交往"看成是一种交际中运用的原则，美国聋人学校执行委员会下的定义是：它是一种原则，要求把适当的听觉、手语和口语交往方式结合起来运用，以保证同听觉障碍者以及在听觉障碍者之间进行有效的交往。也有的人认为这是一种对聋人的态度，即要看聋人可以做什么，而不是看他们什么不行。

在聋校的教学中有教耳聋儿童形成和发展语言的任务。教耳聋儿童发音说话的方法，教耳聋儿童通过看口形而理解语言的看话法，通过非听觉途径来矫正耳聋儿童发音、语调错误的方法，利用各种助听设备使用、发展和保护耳聋儿童剩余听力的方法，利用振动感觉、视觉等来教聋生律动和舞蹈的方法，利用手摸钢琴或背靠音源来感受音乐的方法等等，都是在聋校使用而不在普通学校使用的特殊方法，这些是一般意义上的教学方法。

当然，还有手指书写法（即常用的书空法）、视听法、听视触并用法、整词法等教聋童发音说话的特殊方法。

2. 特殊的盲人读写手段和教学方法

盲人教育开始时仅用口传心记的方法，盲人不能读写普通明眼人用的文字，所学的范围和活动大受局限。后来也出现过一些用针刺出字母、用纸或绒布剪贴出字母、用松树油脂划出字母、线条字母等多种方法，但均未能达到普遍应用的水平。1829 年法国盲人路易·布莱尔发明的盲人使用的点字符号系统及书写此凸起六点符号的工具（盲文板和盲笔）就成了世界各国盲人至今还在使用的读写书面语的工具和手段。盲文点字是根据布莱尔的发明、由各国根据自己的语言为盲人设计、靠触觉感知的文字，以六个凸点为基本结构，点的大小相等、上下左右距离相等，直 3 横 2 排列成一个用食指尖可清晰触摸的约 24 平方毫米的长方形。依靠六个点的不同排列组合组成的不同凸起的点符号代表一种语言的字母、标点符号，以及后来陆续制订的数学符号、理化符号、音乐符号。盲人利用此系统可以读、写普通人读、写的各种学科的内容，盲童可以读译成盲文的普通学校的几乎全部的课本。但是读、写盲文是要经过不同于普通学校的识字教学训练，使用的读写方法也不相同。

在盲人教学法中应该注意的是直观教学法的运用。不少国家的学者认为，直观教学法对盲人更加重要，由于缺少视觉，盲人的言语词汇中常没有视觉表象做基础，常出现错误的使用词汇或错误的想象的情况。因此增加和强化直观教具，使盲人有更多的直观表象就更加有必要。不过，有的学者认为，对盲人不应讲直观教学法，因为直观的涵义中有用视觉看的意思，盲人自己虽然也说"看"，但实际上是用触觉摸和加以联想。这些人还认为，强调直观方法的出发点是对的，但未表明盲人的特点，应该叫做感官形象教学法，形象不仅指视觉，还可有听觉形象、触觉形象等，总之，给学生以感性的、形象的、具体的知识，这就使盲生对事物的认识有感性的基础。所以有人把对盲人的教学方法概括为具体化、整体化和做中学的方法，也就是教育人要从具体形象（包括实物、模型、标本等）入手，从让盲童对物体有整体认识而不仅是手摸到的局部入手，在实际操作中来学习，而且是用言语讲授来学习。这种方法是充分利用盲童保存的感觉器官来代偿失去的感官，是考虑到其弱点用补偿缺陷的方法，达到使盲童与正常人一样对外部世界有正确的认知和理解。这也就是说，某些特殊的方法使失去视觉的盲童走了一条基本规律与正常人相同，但具体途径不全相同的认知途径，达到了类似普通人的认知目的和完成了教学任务。

当然，运用现代化的科学技术而创造的新方法也可在很大程度上帮助全盲或低视力人的学习。例如，在发达国家已较普遍使用台式或随身带的盲人用的可发声或转换成盲文点字的普通印刷体文字阅读机。任何普通拼音文字（英文或俄文）通过光电效应的探头可以把信息转换成可以触摸的盲文点字或直接发出语音，盲人可以直接阅读普通的文字了。还有供盲人使用的发声钟表、温度计、计算器等，需要用视觉感知的信息全都自动转换成了利用听觉感受的语言信息。更重要的是某些化学或物理实验利用现代仪器使盲人也可以进行。

为低视力者增强照明的光学仪器和电子仪器就更多了，这些仪器或教具可以使低视力者得以顺利学习。

对于盲人教育中的一些特殊课程，如行走和定向，也是需要特殊的教学方法。盲人失去了视觉，在空间定向和时间定向上以及在不同空间（住室、教室、操场、街道、社会公共场所等）的行动都受到了限制，有较多的困难。在盲教育的特殊课程也带来了特殊的教学方法。教学任务是让盲人能独立、安全、文明地在各种条件下行走和定向，使其身心得到正常发展，树立自信心，增强适应社会生活的技能。因此有专门的教师和专用的教材充分利用盲童保存的感官，特别是普通人不用的、利用听觉判断前进中障碍物的"障碍感觉"，手把手由浅入深、由简到繁地实践教学方法教会他们行走和定向，同时还要教会使用人导法（随行技巧）、运用盲杖法和犬导法。手把手的个人教学法不仅在行走定向课中应用，就是手工劳动、体育等有实际独立活动的课上也有运用。利用劳动工具、一个跳高或掷球的动作都需要在讲授法后让每一个学生来实际触摸教师的标准动作再加以模仿，老师纠正错误，反复练习以达到熟练。

3. 智力残疾儿童的特殊教法

为了适应智力落后儿童的认识活动特点和身心发展的弱点，各国，特别是西方国家创造了很多的方法，例如任务分析法、处方教学法、生活经验单元教学法、行为治疗法、行为矫正法、职业疗法、物理疗法、音乐疗法、暗示法、引导法、娱乐法等等。这里有些方法是医院康复治疗的方法，用在了智力残疾的儿童身上。这在提高残疾儿童机能、发挥潜在能力、促进儿童发展上是有益的，因此一般也列入了特殊的教学方法，使教和医结合起来。有一些是课程（如音乐、劳动、体育等），但仅以此课程为方式和手段，不以掌握全部课程为目的，达到使残疾学生的运动机能、智力活动等改善的目的。

行为矫正的方法是依据条件反射学说和社会学习理论的原理，对行为进行客观、系统地处理，从而减少和消除不良行为，培养良好行为，更适应社会的需要。具体处理行为的方法是正强化、负强化、惩罚、消退和模仿。基本的过程是：找出问题行为和确立目标行为；记录问题行为并确定基线；选择具体方法；进行矫正和记录；对结果进行评估。此种方法较多用在智力落后儿童的教育上，但对正常儿童的不良行为或其他类残疾儿童的问题行为也可使用。

处方教学法是西方由彼得提出的一种个别化教学方法。此法的名称是由于把对残疾儿童的教育过程看成是医生开处方为病人治病。其教学过程的模式是：发现学生的学习问题并介绍给心理工作者或有关专业人员；经过周密诊断学生问题开出处方，提出教学建议；按处方建议进行相应"治疗"（如改变学习环境和条件等），采取帮助措施；随时检查效果、学生进步情况并补充或修改原建议，一直到学生的困难和问题全部克服。这种发现、转介、诊断、处方报告、治疗、评估和修改处方等过程似一位医生在诊治病人疾病。

任务分析法又可叫做工作分析法或者能力－工作分析法。这些方法在运用到残疾儿童身上时有相同之处，也就是把残疾儿童要完成的工作任务，根据任务本身特点和该儿童的实际能力分解成若干个层次、若干个小的任务系列，每一个小任务的完成都为完成下一个小任务而准备条件，为完成总任务而前进了一步。每一个小任务中的困难是该生可以克服的。这种方法对智力损害程度在中度或更重一些程度的儿童更加适用。在运用此过程时要依每个学生的具体情况来分析教学任务和目标，将其分解成小的单元，分析评价学生完成每一个小单元的可能性并选择对该生使用最恰当、最简单的方法，确定起点和每一步骤。也有的在运用此方法时采用逆向结链法，即把任务逆向顺序分析和教学。一个日常生活的技能（如使用汤匙、穿衣）或劳动技能（如糊信封、组装某一零件）在普通学生看来自然可以学会或示范一两次就可懂得的动作，对智力落后儿童要分解成10或20个步骤或者更多。

生活经验单元教学法是在智力落后儿童教育中改变原有的学科教学模式，把各学科目中学生应掌握的有关知识，按一定的主题综合编排到一起。在20世纪30年代美国教育家克·英格兰就提出过这种主张，她设计了五种单元：健康、工具学科的应用知识、家庭生活和职业生活、社区生活、闲暇时间的使用。每个单元又可细分很多小单元，不再分语文、算术、美术、音乐、手工劳动等学科，各种形式在该小单元内可以根据需要自由结合使用。这可使学生集中在实践活动中用多种方式掌握某一方面的实际知识和技能，如运动会、种花等。运用单元教学法时要考虑到学生的需要、兴趣和能力。这种单元教学法已被世界很多国家的智力落后教育教学中采用，至今仍是一种受师生欢迎的有实用价值的方法。

引导式教学法是20世纪40年代起源于匈牙利的一种在特殊教育中兴起的方法。创始人是安得斯·波图。现在在世界多国中应用，不仅是智力落后教育，在盲聋教育及肢残教育中也应用了此法。这种方法是把学生分成若干个小组，每组4—5人，每个学生有一位引导员（可以是老师，可以是志愿工作者，也可以是家长），有一位总老师下达指令，有第一、第二引导员引导小组活动，在小组内学生互相激发兴趣和学习动力，在引导员的引导下把分解开的任务完成，达到学习的目标。也就是专心于建立一种联系，制止不必要的反射活动。这种方式在西方国家有很多父母、志愿者参与的情况下才有条件运用。引导法是成人在起引导，不只是教师教的作用，在这里还激发了学生个人的愿望和动力，小组的伙伴也在起着作用。这种小组要比班级更小些。

在外国的智力落后教育中经常对个别教学给予特殊的注意。苏联在 20 世纪 50 年代就在残疾儿童教学计划和课表内列入了"个别纠正作业"或"个别活动"，经常是从预备班开始一直到 5 年级，个别进行，到高年级（中学阶段）后常改为相近问题的 2—3 个人分小组进行，每周都有。美国等国家在 1975 年后，即美国通过 94—142 公法《所有残疾儿童教育法》之后，个别化教学计划（简称 IEP 或个别教育计划）就普遍和法定被采用了。在美国的这个法案的第一章第 1401 条中明确规定了这个计划的内容是 5 点，在其后的该法实施细则第 346 条中重申了这 5 条内容，即：①该儿童现阶段的教育成就水平；②年度的目标，包括短程的目标；③提供给该儿童之特殊教育及相关的服务项目以及该儿童可能参与普通教育计划的程序；④开始提供教育及服务措施的日期及所需的时间；⑤适当的客观目标、评鉴程序和时间表，至少每年一次评鉴以决定短期目标是否达到。IEP 本身是一种工作和程序，也是一种方法和手段，执行 IEP 中的每一项还有具体的方法，但这终究是强调个人特点、进行个别教学的一种教学方法。这种 IEP 的计划在其他类残疾学生中也被普遍采用并传到很多国家。

在智力落后儿童学校教育中由于他们的智龄比正常儿童低 3—5 岁或者更多，所以刚入学的智力残疾儿童生理年龄上是学龄，而智力和心理发展上还处于学前阶段。所以在教学方法中学前教育的一些方法常被用在智力落后儿童的教学上，特别是游戏法。利用儿童喜爱游戏活动的天性，在有兴趣的智力和体力活动游戏中使智力落后儿童掌握知识和概念、培养技能、理解社会、矫正和补偿缺陷，使身心得到发展。在这些活动中常使智力落后儿童的各种感觉（视、听、动、触等）都能充分活动和参与。

由于智力落后儿童的记忆上的缺陷，特别是短时记忆上的缺陷，很多学者研究和使用了多次重复的教学方法。不只是在小步子的实际操作中教学，而且要在较短时间内不断重复，以求在智力落后儿童的学习过程中建立较巩固的知识和技能体系。

4. 其他残疾的特殊教学方法

除了上述的聋、盲、智力残疾的特殊教育类型外，还有学习障碍、言语障碍、情感障碍、自闭症（孤独症）、肢体残疾等种类的特殊教育。在各国多年的实践中也形成了各自有效的特殊方法。有些方法是对各国都有参考价值或适用的，有的又因为对残疾的实质理解不同或指导的理论相佐而不能相容，也有的不同年代对残疾的认识有了变化，相应的特殊方法也就有所改变。

美国对学习障碍的法律定义为："特殊学习障碍是指在理解和使用口头语言或书面语言方面存在一种或几种心理过程的障碍。这些障碍可能表现为听、说、读、思维、书写、拼写和计算能力的不完善。"对此种类型儿童的分类、原因等在不同时期、不同学者从生理、心理、病理、教育等方面有过多种观点，因此提出和使用的补救方法也有所不同，例如美国著名的"特教之父"柯克在其书中就指出过工作或技能训练法、能力或过程训练法、行为和认知干预策略。在美国也还有人运用感觉统合法，中枢神经生理学的观点认为人的各种感觉统合失调而造成了人的学习障碍，因此要训练儿童的各种感觉或运动的协调以解决这些儿童学习中的困难。对此，人们有不同看法。俄罗斯把这类儿童称为心理发展迟缓儿童，认为他们保存有潜在的智力发展可能性，但认识积极性水平低下、对学习活动的动机不成熟、对周围世界的认识和知识局限、智力活动未完全形成、言语发展落后。因此，俄罗斯采取了对他们建立特殊教育班（或学校）、用放慢了的教学计划和减少班级人数（不超过20人）等办法使这些学生也达到普通学校学生的水平。这里不用专门的特殊教法。

对言语障碍的教学和补偿方法也类似。如对于语音的各种偏常，美国埃森松等的专门矫正法为：①教育儿童辨认自己的错误构音及标准的正确发音；②从单音、音节和单字开始正确发音；③教儿童在日常生活中用正确的标准音说话。但是在教发音的方法上百花齐放，各有千秋。有的用分析法，即先单独练个别音的正确发声，把音从字、句分析出来；也有用"自然会话法""综合法"，学习字词和句子。两类方法的拥护者见仁见智，各自适应不同的言语障碍儿童。俄罗斯对于语音的缺陷主张用分析－综合法，即从句、词中分出有问题的音，矫正后再回到字词和语言中去，也就是把纠正发音放到言语活动中，使矫正的音从言语中来到言语中去而不是孤立矫正的方法。对语音矫正过程或步骤称作：置音（学会正确发音）、熟练（掌握发音技能）、自动化（可以不假思索地在字词句中发出该音）。他们采用同心圆式的方法，从几个基本音小圆向外扩展，逐步达到全部语音。在俄罗斯还创造了一种缩减语音体系来教发音和矫正语音。这是根据俄文的特点来创造的，不要求一下子把俄文语音中的同一组或软音、硬音同时发出，而只是先学一个基础音或替代音，随着时间的推移和练习而逐渐使每一个音都能清晰、准确地发出。

对于口吃这样一种普遍存在的言语缺陷也因为认识不同而有不同的教学和矫正方法。口吃被多数人认为是一种说话流畅性失调，是无法自我控制的多次重复句中的某一个字音或将某一字音拉长。但对其原因有过"神经官能症""器质说""学习论""回馈干扰""噪音干扰""言语动作失调"以及各种学习、人格上困扰的"心因论"。因此，出现过行为改变的技术疗法、角色冲突治疗法、口吃修正治疗法、说话流畅性塑成治疗法、说话速度控制疗法等各种直接或间接的治疗方法。不同方法都对某些现象有过疗效，有的持久、有的短暂。对这种现象的研究和创造新的疗法工作还在进行。

对于现在全世界都在注意的自闭症儿童的教学方法也是多种多样。专门的音乐疗法、运动疗法和其他的教学方法由各类专家不断在实践中发明创造，对不同类残疾的部分儿童在实施某些课程中取得了较好的效果。例如，美国心理学家和运动疗法专家施尔波恩在莱伯恩人体运动分析理论的基础上设计出了发展性活动的施尔波恩陪伴方法。

这个方法理论核心是认为儿童有两个基本需要：①需要感觉到他们自己的身体以及能掌握和支配自己的身体；②需要与他人形成各种关系。这是与儿童自己有关和与他人相关的两种需要。在与儿童一起的活动训练中来发展和满足这两种需要。各种身体在空间的活动中发展儿童的身体和个性，使儿童的残疾通过特殊的方法得到一定程度的康复。

三、教学的组织形式

实施特殊教育的课程、运用特殊的教学方法或一般的教学方法都涉及把特殊学生用什么形式组织起来的问题。不同的组织形式，或者说对特殊学生的教育安置的不同，课程和方法就会有变化。这种组织形式还包括课堂教学的形式。在特殊教育一开始时，多是个别人的个别教学，在建立特殊教育班级时也有过是设立特殊学校还是建在普通学校内的争论。总之，组织形式这个问题是涉及特殊教育独立还是与普通教育结合，是如何更好达到特殊教育目标的重要问题。

（一）各国不同的多种教育安置形式

1. 美国的八种教育安置形式

在本书第三章讨论美国的特殊教育体系时已经提到过美国教育部向国会的正式报告中列举的对6—21岁残疾青少年服务的教育环境。这8种教育环境实际上就是对残疾青少年教育安置的组织形式。如果不考虑这些组织形式的归属是公家还是私人、是住宿还是走读，那么美国的8种（从前为9种）形式可分为四类：部分或全部时间与普通学生一起；在单独组织的特殊班级中；在单独组织的特殊学校中和在家或医治疗养机构中。美国回归主流的教育体系中仍然存在有不同的教育安置形式，并不是单一的都回到普通班级中去。在第三章中引用的美国政府统计的数字可以说明这一点。这4类组织形式的课程和教学方法也因形式不同而有所区别。第一类在正常班中基本是与普通班级一样的课程和教学方法，只是在某些人或某些情况下按照个别化教学计划可以到辅导班去进行辅导或在班级接受个别辅导。个别或小组辅导的课程和方法要依普通班的教学任务和学生的实际情况来决定，多是与普通班课程相一致的，或为普通班课程服务的。第二类是特殊班，这些班虽多数在正常学校的教学环境中，特殊学生在课间和课外可以与普通学生在一起，但在学习课程时却要在自己的特殊班级中。这种特殊班级有的是同一类残疾（如耳聋），也有的是各类残疾的混合班（如聋、盲、肢残等），因此其课程和教法与普通班级不同，要依一个班成员的情况来决定。特殊班的学生由4—5人到7—8人不等，有一位老师还有若干助手或志愿人员。进行课程时可以全班一起，也可以再划分为一人或两人一个小组，由助手或志愿工作者分别带领练习，应用适合该学生的教法和教具。第三类是特殊学校，其课程和教法要依据本章第一、二节所阐明的内容进行。各地方、各校甚至各个班级有一定的主动权，但大体上主要的课程（如阅读、数学、社会生活适应等）和教法还是相似的。第四类多是以治疗为主，但在可能条件下有巡回教师到家中辅导或进行床边教学，其课程仅是义务教育或生活自理教育的一部分内容，常常是残疾儿童和家长（监护人）同时教学的对象，儿童学习后家长可以在巡回教师走后进行辅导。其教法多为一对一的个人教学和模仿。

2. 以校和班为主的日本特殊教育安置形式

日本早在1953年（昭和二十八年）就有法律对哪类哪种程度的残疾学生做何处教育安置的决定。1947年的《学校教育法》中已规定了在特殊教育中用特殊学校和特殊班级两种组织形式，在20世纪80年代和90年代又分别形成了交流教育和通级班级（参见本书第三章）。到1978年10月日本的教育部（文部省）以通知的形式具体规定了按残疾的程度分到不同类型机构进行教育安置。这个通知已把1953年的分类由5种扩展到7种。新的规定一直执行到现在。这个规定的内容是：

（1）盲和低视力者

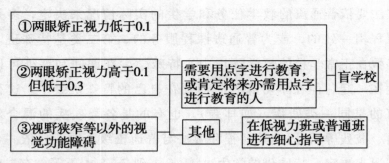

（2）聋和重听者

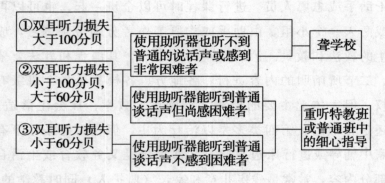

（3）智力落后者

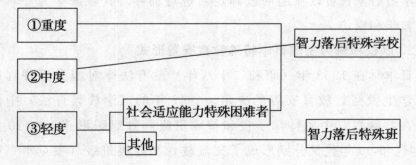

（4）肢体残疾者

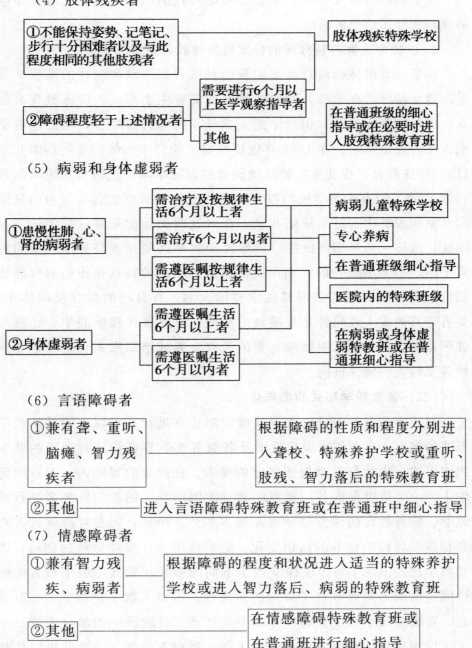

①不能保持姿势、记笔记、步行十分困难者以及与此程度相同的其他肢残者 —— 肢体残疾特殊学校

②障碍程度轻于上述情况者
  - 需要进行6个月以上医学观察指导者 —— 肢体残疾特殊学校
  - 其他 —— 在普通班级的细心指导或在必要时进入肢残特殊教育班

（5）病弱和身体虚弱者

①患慢性肺、心、肾的病弱者
  - 需治疗及按规律生活6个月以上者 —— 病弱儿童特殊学校
  - 需治疗6个月以内者 —— 专心养病
  - 需遵医嘱按规律生活6个月以上者 —— 在普通班级细心指导
    —— 医院内的特殊班级

②身体虚弱者
  - 需遵医嘱生活6个月以上者
  - 需遵医嘱生活6个月以内者 —— 在病弱或身体虚弱特教班或在普通班细心指导

（6）言语障碍者

①兼有聋、重听、脑瘫、智力残疾者 —— 根据障碍的性质和程度分别进入聋校、特殊养护学校或重听、肢残、智力落后的特殊教育班

②其他 —— 进入言语障碍特殊教育班或在普通班中细心指导

（7）情感障碍者

①兼有智力残疾、病弱者 —— 根据障碍的程度和状况进入适当的特殊养护学校或进入智力落后、病弱的特殊教育班

②其他 —— 在情感障碍特殊教育班或在普通班进行细心指导

在不同的教育安置形式中就要根据对该组织形式的要求进行相应的课程和使用恰当的教法。

3. 以校为主兼有特教班的俄罗斯特殊教育安置形式

从第三章的特殊教育体系中我们可以看到苏联和现在的俄罗斯都是以建立特殊教育学校为对残疾学生的安置主要形式，特殊教育班也有，而且数量在发展，但就学的人数低于特殊教育学校，当然也有个别人在普通班学习。在 1996 年俄罗斯提出的关于身体健康受局限儿童（即有特殊教育需要儿童）的基础教育的意见草案中把教育对象增加到 10 类，除了原有 8 类学校的教育对象外增加了情感意志与行为明显障碍儿童和发展中有复杂缺陷儿童，在对这两类新的儿童（其中包括自闭症，或称儿童早期孤独症）仍然提到的是这些儿童与其他儿童的特点不同，不能用统一的计划，要根据这些儿童的特点和他们的可能性制订新的计划大纲或参照其他学校的大纲，有自己的教育机构体系，要有与其他成人或同龄儿童接触的基地，对于多种残疾的学生还应加强劳动课程。总之，对残疾儿童的教育安置或组织形式仍是以建立照顾各类特点的特殊机构。

（二）课堂教学形式的多样化

对残疾儿童教育安置的形式确定后还有进行某一课程的具体教学形式的问题。近百年来课堂教学是各级各类教育机构进行教学的基本组织形式。也就是教师按照固定的课表、在规定的时间内、对有固定学生的一个班级根据各门课程的教学大纲所规定的教学任务来进行的教学。特殊教育的课堂教学也是基本如此。但是，随着对特殊教育对象特点和对教学任务的认识变化，随着教学方法成功经验的创造，课堂教学已经出现了与传统课堂教学不同的多样化模式。原来模式中硬性固定的很多东西都有了灵活的多变性：班级人数不全固定，有时全班，有时分成小组或大组，有时个别活动，有时班中的部分人或一个人可以到另外的班级或辅导教师上课；课程不全固定，教师可以依情况把多种教学内容和方式综合到一个教学中去，学生更自然地、单元式地进行学习；教师不全固定，一个课程中可以有多个老师教学；单一缺陷学生组成的班级可以变成多种类型残疾、水平不完全一致的儿童组成的一个班；教学的地点不全在教室，公共场所、室外、劳动场所等都可以是课堂；教学的时间和内容可以因情况变化而有所改变。总之，这些变化的不同组合就使得原先的班级授课的课堂教学出现了多样化。看似教师有更多的自由，实则对教师有更高的要求和教师要有更高的教学技艺。不管教学形式怎样变化，最终要完成培养学生的任务，达到课程所要求的目的。灵活的方式仅是因学生的千差万别而选择的有效的最佳途径。

课堂教学的学生就座模式也有多种变化。不仅是过去的每个学生一套桌椅，面向站在前面的教师，而且学生可依照教学需要，或站、或走动、或坐在椅子上、或坐在地毯上；学生不必一定面向黑板直坐，可根据教学需要在一个多功能的教室中安排在不同位置、进行不同的分组。这要求教师要有更周密的思考和计划，这远比千篇一律地让每个学生直坐在一个固定的椅子上更加复杂和困难。

课堂教学形式的多样化给特殊教育任务的完成提供了良好的条件。

四、早期干预的课程

残疾儿童的早期发现、早期诊断和早期开始的训练和教育是近年来越来越受到重视的一个领域。许多理论和实践都反复证明了，学龄前普通儿童的教育是重要的，而有各种缺陷的残疾儿童的教育就更是重要的。特殊儿童的早期教育或特殊幼儿教育到 20 世纪后半期逐渐形成了一个重要的早期干预领域。在特殊教育的这个领域主要是指对学龄前 0—6 岁儿童，甚至是怀孕期的胎儿，特别是出生后的各类残疾幼儿提供的诊断、治疗和教育服务，以帮助残疾幼儿的身心尽早能够得到充分发展，为进入各类学校和社会准备条件。本章前三节着重讨论的是学龄时期基础教育或小学、中学教育的课程，本节讨论的将是早期干预的课程。

普通幼儿园与小学的课程是不同的；特殊幼儿与普通幼儿也有不同的特点和需求，因而在二者有共性发展要求、心理特点之外又有不同的特点和特殊的要求。

世界各国对幼儿的早期教育有过多种方案及不同的课程和方法，多数都可用在残疾儿童的早期干预上。例如，日本的铃木镇一的"铃木早期教育法"，用此法训练出的幼儿出了很多音乐人才；美国费城人类潜能开发研究所的葛兰·道门教授认为，每个婴儿的大脑都有难以估计的潜力，要使其成长、发育就要靠使用、靠各种传入信息的刺激，由被动地不自主地接受刺激到主动地传出各种信息。道门认为，大脑的生长、发育过程可以暂停、减慢，但更重要的是可以加速。从 20 世纪 50 年代以来他的方法已在世界上有了巨大的影响。很多家长学会了用信息（包括书面语言、运动）刺激大脑的方法，使自己的残疾孩子得到了明显的进步。还有很多心理、教育专家设计了各种各样的大纲和方案。限于篇幅，这里只讨论几种与特殊课程有关的方案。

（一）波特奇方案

波特奇是美国威斯康辛州的一个小镇。此镇的英文有"搬运"的意思，在此小镇实验成功的一种早期教育方案又有家访教师把训练课程搬到家中由家长施训的涵义。早在 1968 年，美国联邦的 90—538 号法案《援助障碍儿童早期教育法案》就资助了适用于早期干预的家庭课程计划的研究。从 1969 年到 1972 年三年的时间波特奇方案取得了成功，成为至今在世界上多国推广的、被编译成多种文字的早期教育课程和方法。这套课程的指导思想是：①重视以家庭为基础的教育；②区分幼儿的发育领域；③明确指导目标、指导方法和记录方法。这个课程编制的基本理论是：

（1）应尽早对儿童采取教育措施，开始得越早，效果就越好；

（2）发育系列个别化，无论从教育角度，还是从开展课程活动的角度都是最有效的方法。每个孩子都有自己的长处和弱点，教育者应考虑到这一点；

（3）父母是孩子的最佳教育者，不管其学历程度、经济地位、智能如何，父母是孩子生活环境的创造者；

（4）家庭是儿童同家庭成员共同活动的最自然的环境；

（5）指导活动的着眼点，不应只看准儿童或父母，而应对准儿童与父母之间的相互交往。只有相互间的交流才能妥善引导和促进儿童的发展。

波特奇课程是美国特殊教育局资助编写的教材，有《波特奇早期教育方法》（六个发展领域的指导卡）、《行为核对表》（即评估完成目标的记录表）、《使用手册》。此课程适用于0—6岁儿童，包括残疾儿童。

课程由6个发展领域组成：婴儿刺激、社会行为、语言、生活自理、认知、运动。6个领域不是彼此孤立的，而是相互联系、互相制约和互为条件的。全部领域共有580条行为目标，不同领域用不同颜色的纸做成活动卡片，便于区别和分类。每一张指导卡片上标明适用年龄、目标和建议的方法，有的还配合有图。波特奇早期教育方法和课程在中国出版时依据中国的实践把指导卡和行为目标改为566条。

1. 婴儿刺激

提供了能够诱发婴儿产生反应的一些活动和教材。有一些需要成人的活动来给婴儿刺激、丰富婴儿的学习环境，有一些要求诱发出婴儿的反应。其中包括对6周以内婴儿的视、听、触觉刺激。本领域共有45项目标和内容。例，婴儿刺激活动：

年龄：六周以内

目标：视觉刺激

方法：（1）由于婴儿常常把头转向一侧，因此可以在婴儿面向小床的一侧，离婴儿脸较近处挂一些活动的小玩具，使孩子面向它躺着时，第一眼就能看到它们。

（2）当你与婴儿说话或给他唱歌的时候，距他的脸应为15—20厘米。这个年龄的婴儿最注意人的面孔。

（3）什么时候都不要从单侧方向给婴儿以光线刺激，为此，应经常变换婴儿在小床上的睡向，以使光线能刺激到他的双眼。

（4）把各式各样的玩具挂在婴儿床的栏杆上，或在两侧栏杆中间横着拉一条彩带，把这些玩具挂在上面。婴儿会十分喜爱这些鲜艳的、形态各异的小玩具。

2. 社会行为

这是指在与他人共同生活和相互交往中，采取适当行为的技能。学前主要是与父母、兄弟姐妹或小朋友做游戏或其他活动时的表现。从0—6岁每年龄分为一组，共6组83项。例，社会行为2的目标为对大人的注意报以微笑，社会行为3的目标是对大人的注意报以回声，适用年龄为0—1岁。目标3的达到方法是：①为孩子换尿布、喂食或抱起他时，要与他说说话。②当孩子发出各种各样的声音时，你要用同样的声音回答他。③照料孩子时，要对孩子说各样的话，发不同的声音。当孩子发出声音时，作为奖励你对他微笑、抱他，挠挠他。

3. 语言

从出生到6岁使孩子学会母语。语言发展的模式是基本相同的，时间上不全一致，要使孩子掌握大量语汇，创造相应的语言环境。这部分也是按年龄分配目标，共有85项。例如，为1—2岁儿童设立的目标之一是：理解"多"和"少"的意义。方法是：①当你与孩子说话时，运用"多"和"少"这两个词，并做示范（可以利用画册）。②如有困难时，可每次只教孩子说一个词。③把某一种东西分成若干堆，你先说明"多"和"少"的意义，然后让孩子指出每堆的多和少。④开始时，每堆物品数量相差较大，再渐渐缩小它们之间的差距。

4. 生活自理

这是关系到儿童自己能够独立吃饭、穿脱衣、洗澡、入厕等能力。这些行为可包括在社会行为中，但因其重要和内容多，故作为发展的单一领域。全部目标共有101项。例如，为2—3岁儿童适用的第31个生活自理目标是：接过毛巾，自己把手擦干净。方法是：①练习用毛巾擦手，你示范用毛巾擦手让儿童观看（盲童可触摸）并模仿大人动作。告诉孩子这是他每天该做的事情。如果他把手擦干净了，你要表扬他。②你也与孩子一起擦手，鼓励他把手上的水全部擦干。③为孩子准备一块专用的毛巾，在他的毛巾上绣上名字或可爱的小动物的脸。④把孩子的毛巾挂得低些，使他能够自己挂上和摘下他的毛巾。

5. 认知

培养儿童记忆与辨别事物异同和找出观念与事实关系的能力，通过儿童的言行来加以判断。全部内容共106项，也是按年龄分组。例如，为5—6岁儿童提出的认知第90项目标是说出自己身体的左右（如右手、左耳）。方法是：①在孩子右手腕系上一条红带子，让他容易记住这是右边。戴着这条红带，问他身体的左右，让他指出左右。等孩子熟练后，逐渐使红带变窄、直至没有红带也可以指出左右。②如果孩子惯用右手，要他把右手（写字的手）伸出来看。③用右手与孩子握手，并说："你好！"或问："你用哪只手握手呀？"④与孩子玩左右拍手的儿歌或游戏。

6. 运动

主要是培养管理和协调身体大小肌肉运动的能力，又可称作粗大动作和精细动作，这对孩子的身心发展十分重要，为0—6岁提出的目标也最多，共有136项。例如，为3—4岁儿童设计的运动第92项目标是：双手接住对方投来的球。方法是：①你站在孩子后面，让孩子向前伸开他的双臂。叫一个人从孩子对面距他30厘米处轻轻地把球扔给他，让他伸出双臂，站在他后面的人扶他把球接住。称赞他，并逐渐减少对他的帮助。②让孩子伸出双臂，双眼盯着球。对他说："伸出胳膊，球来喽!"然后把球轻轻投向孩子。孩子接得好，就表扬他。逐渐延长投球的距离。③要使用一个大而轻的球，开始用橡胶球较好。④为了让孩子体会到抓住一个移动物体的感受，最初可以用气球。

当然在实际对一个残疾儿童使用这个课程时还有很多具体的工作要做，如从孩子实际情况出发设计具体的行为目标，分析课题、进行程序、检查核对等等。在方案的使用手册等资料上都有原则的指导。

（二）对智力发展缺陷儿童的早期训练课程

对于早期干预的各种课程大纲近半个世纪以来有较好效果的就超过百个。仅在美国这类在历史上有较大影响的不少于 10 个，例如 20 世纪 30 年代美国依阿华大学的斯基尔斯的环境干预追踪研究，他通过从20 世纪 30 年代到 60 年代追踪对比，成果惊人。以后的柯克实验后正式提出早期干预大纲，20 世纪 70 年代威斯康星大学海勃尔的"密尔沃基大纲"，高顿重视父母作用和儿童训练最佳时间的课程，歇弗尔为低收入家庭的家庭教学课程，列维斯坦的母子家庭课程大纲，卡德威尔的早期干预大纲等。很多课程都有其适用范围和特点，在各自的实验中取得了成果。但目前在对智力发展有缺陷儿童或其他发展上有异常的儿童的早期训练课程集中到 5 或 6 个大的领域或方面。从对智力能力筛查、测验的著名量表，如测发育商的盖塞尔发育量表、韦氏幼儿智力量表、斯坦福—比奈量表、图片词汇测验等诸多项目的基础也就是现在多数国家采用的几大类训练课程。有的把早期发现的智力残疾幼儿的训练课程定为运动训练、语言训练、认知训练、社会行为训练、生活自理能力训练 5 种，有的定为大运动、精细动作、交往能力、适应性行为（小年龄幼儿）或认知能力（大年龄幼儿）和个人—社会行为 5 种；还有的定为大肌肉运动、精细动作、语言（理解和表达）、认知、生活自理、社会适应 6 种，另外有人又把 6 种训练定为运动能力、感知能力、认知能力、语言交往、生活自理和社会适应。不管怎样划分课程，其基本内容和课程是一致的。在课程排列顺序上与波特奇方案虽有不同，但实质上没有更大区别。这些领域都是互相联系、互相影响的，因为任何一个儿童，智力残疾儿童也不例外，都是一个完整、全面发展的在社会中的有机体，一个方面的损害必与其他方面相关，一个方面的训练进步也必然影响到其他方面以至整个机体的发展。

1. 运动

这包括姿势或全身活动的大运动和手与手指动作、手眼协调的精细动作。前者指俯卧、抬头、爬、站、走、跑、跳等，后者指大把抓、捡拾、对指捏、翻物、用指搓、捻等。不少智力落后儿童是通过早期动作落后而被发现的，早期干预的课程就从运动领域开始，因为运动的发展与儿童整个发展密切相关。肌肉的活动受中枢神经指挥，运动的肌肉又可给中枢神经以反馈。神经系统的成熟有一定的顺序，肌肉活动的发展也有相应的顺序，一般是由粗大到精细。

2. 语言

这包括在发音基础上的对言语的理解和表达，是人际交往的重要手段，是智力发展的重要条件。形成和掌握母语是一个有规律和顺序的过程，各民族、各类儿童的言语习惯过程都是连续发展、从量变到质变、基本阶段一致的过程。感知语音和语言、理解语义和模仿进行表达对智力残疾儿童的成长是至关重要的，是训练课程中困难的一个方面。语言出现晚也是常被发现为智力落后的一个方面，因此是应和运动课程同时开始的一种课程。

3. 适应性行为（认知能力）

指运用各种感知觉（视、听、触、嗅等）、摆弄物体、取物、使用简单工具以及随年龄增长而形成的感知、注意、记忆、判断等能力。

这种适应行为和认知能力与精细动作有关，这方面恰是智力落后婴幼儿的一个弱点。

4. 社会行为

指与人交往的能力。婴儿从出生起就可对周围世界的人发生兴趣，不同年龄的儿童有不同的社会行为，从用动作、哭等表示与人交往到可用语言站在他人角度看待周围人和事物要经历一定的发展阶段。婴儿开始接触的是母亲，因此家长的作用十分重要。智力残疾儿童在社会行为和与人交往上常因语言发展和认知问题而产生困难，这方面的课程对幼儿以后的入学和进入社会十分重要。

5. 生活自理

指儿童在个人日常基本生活上的自理的能力，这与生理的成熟有关，更与训练密切联系。这是智力残疾儿童能自立、自信、自尊、自强的基础和初步体验。

具体施行这 5 个方面课程的方法和选择的具体内容，各国、各地有所不同，各个儿童的特点也影响着课程及内容、方法的选择。

（三）对感觉器官损害的幼儿早期训练课程

听觉或视觉受到损害的儿童早期教育的课程一般考虑了两个方面的情况：即一方面他们是幼儿，应有与一般幼儿相似的课程，以使他们更好地成长和发育；另一方面他们是聋或盲幼儿，应有与一般幼儿不同的特殊课程，这些课程与聋校、盲校的某些课程类似，但又与学龄期的不同。

听觉损伤幼儿的早期干预的特殊性产生于他们的听觉不同程度损伤及由此带来的言语形成和发展上的延缓及困难，进而影响到其心理发展的其他方面（思维、记忆、情感、个性等）。由此也就产生了特殊的课程或特殊的训练领域。一般是在两个方面，即听觉训练和言语训练。日本、丹麦、英国、挪威、美国等发达国家及一些发展中国家或地区的一部分聋幼儿，在现代社会中应用现代技术准确地对听觉损害的幼儿测查了听力损失并选配了合适的、包括大功率的助听器，甚至动手术安装了电子耳蜗，使听觉损伤造成的耳聋幼儿实际上有了可以利用的剩余（或残存）听觉。但这种助听后的听觉不会自然地像正常听觉一样被幼儿利用和发展，需要经过听觉训练的课程，使聋幼儿会使用助听器，能习惯用助听器感知外部世界的各种音响和各种言语，会在不同环境下辨别声音并用听觉来帮助学习和进行言语活动。这样就可最大限度地发挥聋幼儿的听觉潜能，有利于形成和发展言语、提高自我调节能力、丰富情感、陶冶情操。这里让幼儿会并喜欢戴助听器是前提，音响和辨音训练是基础，重点是言语的识别和辨析。当然，一般声音的辨别可给幼儿的生活带来方便或安全感（如汽车声、雷声等），对其心理发展和成长起决定作用的是感知和理解同一社会生活的民族的语言。不过有一些国家虽然经济上发达，但由于对聋和聋人手语的认识上的差别，强调了聋人群体及其手语的特殊性及独立性而不重视或不施行聋儿的早期听力训练。

听觉损伤幼儿的言语训练是聋儿早期干预或使其康复的一门重要课程。一般讲，多是听觉损伤到影响幼儿对言语（特别是父母在婴儿时的亲昵呼唤）的感知或幼儿该有反馈言语出现时而无表达言语时，幼儿的听觉损害才首先被人们以"哑"而发现。听觉损伤是原因，"哑"是"聋"的结果，但"哑"则对幼儿的整个进一步发展有着巨大的、决定性的影响。因此对耳聋幼儿的言语训练在其全面发展与成长中就成了极为关键的工作和训练课程。也就是在儿童言语形成的关键期、最佳时间来完成言语形成和发展的工作。在这个方面有多种观点和体系，方法也不相同，就像在前面讨论学校的课程体系中所说过的那样。有以教单音开始，有以教手指字母开始，有以教看口形开始，也有教手语开始的，总之，五花八门。但言语训练，使聋幼儿掌握交流用的语言并以此来学习其他知识却是共同的。多数人还是认为要与发展听觉的听力训练相结合，在日常生活中及专门的训练课中，在交往的言语活动中形成和发展耳聋幼儿的言语，要以适合幼儿的有兴趣的游戏活动来及时教和练习说话。当然要依每个耳聋幼儿的身心发展的实际水平和特点来安排每一个人的课程计划。很多国家在专门的幼儿园中，在聋校的学前班中或专门的语言学校或耳聋与正常儿童混合的幼儿机构中进行言语训练的课程，很多国家的这类活动还有父母或志愿工作者参加，不仅在专门机构更在家庭中进行这项工作，以致很多耳聋或听力损伤的幼儿其语言水平在入小学年龄时已达到与同伴自由交流的程度，为其与其他儿童一起学习准备了充分的言语条件。

视觉损伤幼儿的早期干预的特殊性产生于他们视觉的不同程度损伤及由此带来的言语形成及对周围世界的认识缺少感性基础，使定向和行走出现困难，这又给他们的身心发展带来不利的影响。由此也就产生了视觉损伤幼儿早期训练的特殊课程和领域。特殊的课程和训练是应帮助失明幼儿认识世界和独立行动的，并且应为以后入学时应用触觉来阅读、书写盲文做好准备。发展盲童的触觉、听觉，给他们以外部世界的具体形象的感性经验，鼓励和帮助他们安全地行走，帮他们训练适合自己年龄的独立行动和自理能力（包括吃饭、入厕、喝水、穿衣、洗漱以及简单家务劳动等），要针对他们的困难，解决他们的困难，以使他们能与同龄儿童同步地发展。使他们的言语发展在有感性经验的基础上而不是去说"空洞"的语言。对他们的触觉要利用、发展和保护，特别是双手手指的触觉的发展与保护，既要训练又要安全。如果是出生即失明的婴儿，那么这样性质的工作应该发现失明后立即开始，因为视知觉在婴儿出生后就明显地对其发展起着作用。

所有残疾幼儿的早期干预课程除了对幼儿本身的各种训练课程外，各国普遍重视和进行的还有对家长的课程。对家长的课程一般包括两大方面。

一是对家长的心理咨询和辅导。主要是针对家长对有残疾婴儿的不正确心态进行辅导。一般家长容易不面对现实、埋怨、悲观失望、轻视等，要帮助家长正确认识幼儿的残疾，给予科学的认识，使家长正确地对待幼儿并采取积极的态度促进幼儿的成长，并有信心地去做。

二是对家长给予具体操作性的指导。帮助家长了解这类孩子的特点、应该和可能做的工作及如何做这些工作。给家长以知识和技能，让家长互相交流经验和体会，对帮助残疾幼儿成长中出现的困难和问题再给以辅导或巡回帮助。

这样，残疾幼儿的早期干预课程就成了不仅是专门机构，更主要是以社区康复为基础的家庭的工作。在美国 0—3 岁的残疾幼儿一般是家长来学校或幼儿园咨询、学习后回家去指导或者巡回家庭教师去咨询；3—5（或 6）岁的幼儿多到幼儿教育机构（或班、或校）参加活动，回家后家长再辅导。

五、职业教育的课程

中等以上的残疾人教育一般具有职业教育的性质，目标是毕业后多为按所学专业就业。当然由于各个国家社会条件不同，在有很多正常高校毕业生失业的情况下，残疾人失业的比例常在 50％以上。不过就业前的职业教育还都在努力进行，这种专业教育为残疾人在就业竞争上准备了资本。

不少国家残疾人的高等教育是与普通人在一起进行，执行的是同样的教学计划，一般没有特殊的教育课程。

在一些国家，如美国、日本、英国、俄罗斯等有为培训残疾人专门设置的高等学校或专门的职业培训中心。前者是取得国家承认的学士、硕士甚至博士学位证书的机构，后者是获得实际能力、仅有学历证书或技术证书的培训机构。

在美国，为聋人专门设立的高等学校有华盛顿的加洛德特大学，这里有人文、社会科学方面的很多学院和系；1965年国会决议，政府资助举办的在纽约州的罗切斯特聋人理工学院是罗切斯特理工学院中的一个专门学院，其中有很多专业，如实用财会、实用艺术、摄影、建筑和工业制图、商业、市政工程、电子技术、有机助剂、医疗实验技术、印刷技术、光学仪器精磨技术等。但课程基本上与普通大学一致。在聋人理工学院中80％的人在聋人学院上课，20％与普通大学生一起上课。授课的方法和具体组织考虑了聋人的特点，给他们以方便。例如，在教学楼内的建筑的色彩有利于保护聋人视力，上课的教师边讲边打手语，为聋人自学提供现代化资料（可自己反复看的录像资料），免费为聋人提供课堂翻译和为聋人学生记笔记的人员，有专门懂聋人手语的课外辅导人员。这些特殊的措施为聋人学习同样的专业课程提供了条件。

在俄罗斯还有为又盲又聋的人在莫斯科大学设立的小的专门班级，进行专门的教学，盲聋学生在学习哲学、心理学上同样可取得硕士学位。

在美国和其他一些国家有众多的为盲、聋、肢残及弱智人士准备的职业培训班或中心。这里学习的多是社会某一行业需要的实用技能，如修理汽车、木工、烹饪、病人护理、钳工、美术、计算机输入等等。课程没有什么与众不同，不同的是教学组织和方法。有一些技能的培养，如先天失明盲人的行走定向、生活自理等，这些课程是一般职业教育培训中所没有的。例如在波士顿社区主办的卡洛尔盲人职业培训中心就有为成年失明人准备的这类课程。其内容和教法与盲校的特殊课程和教法类似。

日本在1987年为聋人和盲人建立了国立三年制的筑波技术短期大学，即专门为聋人和盲人学习技术专业的大专层次的高等学校。1993年有第一批毕业生，这比在聋校、盲校高中职业部毕业的学生就业的出路更优越。这所大学的专业课程设置与该地的普通大专层次学校同专业的课程设置没有什么差异，在建筑工学、机械工学、电子情报学等方面设置了各 30—40 门课，甚至包括为聋人设置了英语。有差别的是除了专业课程外，每一专业的学生要学习一般课程，这里分人文、社会、自然、综合、外语、保健体育等类的 13 门课程，这些有为学习专业课打基础和补习的作用。对聋大学生还有一门"听觉障碍学"课，对助听器、语音矫正、听觉障碍者心理、福利等予以介绍，使聋人大学生提高对自己的认识，增强自信心和自我保护意识。一般科目为 27 学分，听觉障碍学 3 学分、体育 3 学分、外语 6 学分。专业科目为 69 学分以上。类似"听觉障碍学"这样的课程在其他国家还很少设置。

第五章　特殊教育发展中的问题和趋势

　　世界，主要是西方发达国家，特殊教育（个别教育和学校教育）的产生已有200多年了。在这个不太长的历史时期内，特殊教育走过了曲折的发展道路，不断出现问题又不断解决问题，在一个地方出现的问题和解决的经验很快就传到其他地区，成为其他地区发展特殊教育的新动力。有的地区提出了一些新观点或新思潮，也常为其他地方接受而成为一种发展的动向或趋势。当然，对于问题、思潮、观点或趋势，各个国家的不同学者从不同的角度有着不同的看法和争论，也有着不同的实践，但是总的方向是特殊教育在不断发展，共同性的东西不断出现，而结合各国情况有特色的东西仍然在保留和发扬。探讨西方国家现代的特殊教育发展中的问题和趋势对于加深我们对世界特殊教育的认识和为发展中国的特殊教育"借他山之石"是十分有益的。

一、各国特殊教育发展中的问题

（一）特殊教育事业发展不平衡

　　特殊教育作为一个国家和地区教育的组成部分，一方面是受该地区教育的发展和经济生活等物质条件制约，另一方面也受执政者的政策和社会对残疾人的态度等主观因素所影响。今天的世界是一个发展不平衡的世界，有经济和教育很发达的国家，也有欠发达或极不发达的地区和国家。

　　根据1988年联合国教科文组织调查的58个国家特殊教育的材料，

其中仅有 32 个国家宣布了包括残疾儿童的义务教育，占调查国家的55%；19 个国家宣布了正常儿童的义务教育，但未扩大到少数残疾的儿童，这些国家占 33%；还有 7 个国家尚未宣布普及义务教育，更谈不上残疾儿童的义务教育了，这类国家占 12%。在已宣布残疾儿童义务教育的国家中还不是任一位残疾儿童都能进入学校受到应有的教育。只有 22 个国家法律规定了从幼儿到义务教育后的各级特殊教育。从这个统计中可以看到有近一半被调查的国家还谈不到发展了特殊教育。

美国 1994 年由著名的加洛德特大学出版社出版了一本《特殊教育的比较研究》，编者为马祖芮克和温泽尔。这里收集了 28 个国家和地区的材料。编者把这些国家分成了 5 类：

1. 有限的特殊教育的国家，包括南非、巴布亚新几内亚、塞内加尔、约旦河西岸及加沙地带；

2. 正在形成特殊教育的国家，包括尼日利亚、伊朗、巴西、印度尼西亚、埃及、巴基斯坦、中国、印度；

3. 隔离式特殊教育的国家和地区，包括日本、台湾、俄罗斯、香港、捷克；

4. 接近融合式特殊教育的国家，包括以色列、波兰、澳大利亚、加拿大；

5. 完全融合式特殊教育的国家，包括芬兰、挪威、瑞典、美国、新西兰、英国和威尔士。

我们且不管编者的分类是否得到公认，只是从所列举的分类中可以看出特殊教育在世界各个地区发展的不平衡性，从有特殊教育到还没有特殊教育，从发达的特殊教育到刚刚兴起的特殊教育，从全部残疾儿童可以入学受教育到仅有部分类型残疾的一部分儿童受教育。

这说明了，在世界上要使残疾儿童都能受教育还要走很长的一段路。据估算，世界上的残疾人约占总人口的 5%—10%，而儿童少年在这里又至少占 1/4，也就是说，有各类残疾的学龄儿童超过 1 亿人。在国际特殊教育事业发展上使这些儿童能健康生存并使其得到发展、受到教育是一个严重的社会问题。

特殊教育发展不平衡不仅在世界各大洲、各国之间，在发达国家和发展中国家之间也表现出来。在一个国家的不同地区同样表现出来。在各个国家的城市和农村之间，在人口多、占统治地位的民族和少数土著民族之间的特殊教育也存在着发展不平衡。这同样是与当地经济、文化的发展水平有关，更与当权者的政策和人们对残疾人和特殊教育的认识与态度有关。在本书的第三章中我们从美国教育部公布的统计资料中可以看到各州的差别。我们再引用几个统计数字：1991—1992 年美国受特殊教育的各类残疾儿童在正常班的人数占全体受特殊教育人数的比例为 32.85％，而在亚利桑那州为 8.72％，纽约州 7.39％，波多黎各 3.58％，南达科他州 8.46％，德克萨斯州 5.05％，西弗吉尼亚州 6.18％。这些州的比例大大低于全美的平均数。而爱德华州为 62.93％，马萨诸塞州为 60.64％，内布拉斯加州为 61.07％，新墨西哥州 64.4％，北达科他州为 75.24％，俄勒冈州为 61％，威尔满为 87.1％，怀俄明州为 63.12％。上面两组数字可以看出美国各州在特殊教育发展中的不平衡，特别是南、北达科他州，相邻的两个州的百分比竟然差近 9 倍。笔者几年前在华盛顿美国教育部会见负责官员时曾听到了他们对这方面情况的介绍。在行政官员中有专人负责农村或少数民族地区的特殊教育。美国政府采取了相应措施来解决这个问题，但是效果不大。例如，特殊教育发展中的重要问题是要有合格教师。而在印第安人、西班牙人、墨西哥人等聚居区就缺少懂当地居民语言的言语矫正师、听力残疾儿童的教师等。美国政府希望他们有自己民族的特殊教育工作者，每年单独给一定的培训教师的名额资助（300 人），但是由于人们对特殊教育认识不足，这些特殊的培训名额或者不能招满，或者学完后改做其他工作或离开自己民族的、农村的地区。据估计，美国农村或民族地区的特殊教育的教师平均二年就全部更换一次。特殊教育教师不稳定，给民族和农业地区的特殊教育发展带来了困难。与人口集中、经济、文化发达的城市地区比，特殊教育就发展慢、水平低，特别是一个人口多、地域广的国家。

这种情况在俄罗斯也存在。据俄罗斯内部估计，他们在特殊教育学校学习的残疾学生约占学生数量的 2％，大约还有 2％的学生（包括心理发展迟缓的学生）未能接受到特殊教育。这是作者 1993 年在俄罗斯教育部访问时，负责特殊教育的官员介绍的。这位官员还说，1 821 个特殊教育学校中有 585 个在农村，大城市的残疾儿童入学情况好，边远和民族地区（俄罗斯有 100 多个民族）的特殊教育就有问题。

在不发达的国家和地区的发展不平衡情况就更加严重了。在少数地区刚试办或开始特殊教育，广大地区还谈不上发展特殊教育。

当然，发展不平衡是一个普遍的规律，特殊教育也会逐渐发展得较为平衡和普及，但新的不平衡又会出现，在特殊教育更高层次上的差异将会推动特殊教育的进一步发展。

（二）特殊教育的学科体系尚未形成

特殊教育的实践有超过两个世纪的历史，在其发展过程中有很多学者论述过这方面的问题，有的也总结过经验。特别是心理学建立以来，特殊教育的研究与论著也有很大发展。从医疗教育学到聋心理学到各类残疾儿童的教育学、心理学、特殊教育史等专著在不少国家纷纷问世。在很多大学专门设立了系或研究机构，有专门的特殊教育方面的硕士或博士，有众多的教授。看来，特殊教育学应该是一门完整、系统、公认的、有科学论证的学科似乎没有问题了，但实际上回答是否定的。今天，在世界上并没有这样一门完整、系统、公认的学科，不要说像数学、物理那样严密和公认，就连像教育学、心理学、社会学那样也没有形成。

特殊教育是涉及医学、教育、心理、社会、康复、现代技术、哲学等多门学科的交叉性、边缘性学科。对于特殊教育学及其下属的各类残疾人的教育学、各类残疾人的心理学是否是一门相对独立的学科，人们有不同的认识。对于特殊教育的定义既有广义和狭义之分，又没有公认的统一解释，很多概念的内涵未有一致意见。联合国教科文组织曾组织美、英、法、俄等国专家共同编辑特殊教育专业术语的解释，并用英、法、俄、西四种文字对照出版，但也未能使各国统一，其定义和概念也未被各国采用。各类残疾的标准虽有世界卫生组织（WHO）建议，但各地实践多沿用自己的习惯；有的参照了国际标准化组织（ISO）的标准，依自己地区的习惯做了修改；还有的对一种残疾在学习、医疗、社会福利、救济等领域用了不同标准。至于说到各类残疾的心理发展特点和基本规律，对教育培养的目标和达到的手段，对各类残疾依种类、程度、病因、发生时间的临床、教育和心理的诊断分类及教育安置的建议也是众说纷纭、莫衷一是。在这种情况下，根本就谈不到统一、公认的特殊教育及其下属分支学科在世界上的形成。在个别国家出版过一些特殊教育及其下属分支学科的专著，也只是一家、一派之言而已。

例如，各国统计自己国家受特殊教育的人数。前面提到的联合国教科文组织的调查中涉及了 58 个国家接受特殊教育残疾儿童在该国学龄儿童中的比例，结果如下表：

受特殊教育学生所占的百分数	被调查国家的数量
低于 0.1%	10 个国家
0.1%—0.4%	13 个国家
0.5%—0.9%	9 个国家
1.0%—1.9%	6 个国家

2.0%—2.9%	6个国家
3.0%—3.5%	5个国家
高于3.5%	2个国家
没有统计	7个国家

其中荷兰3.5%，以色列5%，丹麦13%。当然，百分数低的国家特殊教育欠发达或残疾学生入学率低。但也不尽然，日本这样一个特殊教育已普及并十分发达、体系完善、法制健全、投入极多的国家，其特殊儿童入学者占学生总数的0.97%。而美国的特殊儿童在学生中的比例是9.2%。9.2%远远大于0.97%。可是，美国国会在1975年的94—142公法第二章中宣布："国会发现，美国今日有800万以上的残疾儿童，尚未能完全顾及这些儿童的特殊需要，一半以上的残疾儿童尚未能受到使他们有完全机会均等的适当的教育服务……。"而目前在美国就学并受教育部统计和资助的特殊儿童（含幼儿和21岁以下青年）有400多万人。从1975年法令后的370万名特殊学生到1980年达到403万，1984年403万，1981年417万，1982年423万，1983年429万，1984年434万，1985年436万，1986年437万，1987年442万。日本人数中包括的是特教学校、特教班中的盲、聋、智力残疾、肢体残疾、病弱、低视力、重听等残疾儿童，美国是前面说过的11类残疾。所以这两个数字的比较似乎看不出有什么意义，也就是说由于统计的对象和标准不同，两个数字没有可比性。

对于什么人是特殊教育的对象，由于人们认识的变化，所涵盖的人有扩大之势。对其称呼也由残疾或障碍儿童发展到有特殊教育需要的儿童，由占同龄儿童的3%到10%。

在科学研究上，有人认为特殊教育、残疾人心理都是相对独立的学科，因为这一类人的教育和心理有其自己特殊的规律，需要研究和探索，以利于这类人的社会生存和发展。另一些人认为，不要把这些人从普通人中分开，不要给他们贴上标签，不要分类，都到普通班去上课，他们都是平等的人，也就不用特殊教育学了。在研究中有人强调或仅仅注意到特殊儿童，特别是残疾儿童的特殊性，过分强调他们与普通儿童的不同，因此他们的人可以是独立于其他人，构成自己的文化及小社会（如聋人文化），当然各种学科也就是独立的了。也有的人强调，都是人，都有社会中的平等权利，不要分残疾人和普通人，就像不要区分白人和黑人一样，有一个统一的学科就够了。两种研究者都过分强调了某一个方面，不利于客观、全面地认识残疾儿童和特殊教育这一在社会中的客观存在。

在科学研究中还有一种偏向，就是比较多地从单一学科进行应用性的探讨。这在探讨残疾儿童教育或心理的某一个方面、某一种现象或方法上有一定的成果和能实际解决某一具体问题，但是多学科、综合性的、深入地理论性的协作探讨比较少。热心的学者和实践者一个人的力量和时间、领域都是有限的，对于涉及诸多领域和学科的特殊教育绝不是一两个人从一两个方面就能取得突破性的、创立学科的成果或理论的。美国、俄罗斯、日本、英国、丹麦、挪威等大、小国家的特殊教育专家都有过不同的研究和贡献，也都在为特殊教育和心理学科的形成和发展做着有益的工作。

由于很多基本的东西（概念、定义等）没有统一，这既影响了有效的国际交流，又妨碍了这种跨学科、跨国界的协作和共同努力。

（三）特殊教育发展落后于普通教育发展

综观各国特殊教育的现状可以发现，各个国家的普通教育总是走在特殊教育的前面，规划、改革、法令制度、教育机构建立、教材教法建设等经常是普通教育在前，经过或长或短的一段时间，特殊教育中的一部分（例如盲、聋教育）跟着发展，再过一段时间其他类型特殊教育再发展，先学龄的发展，再学前或中等以后教育的发展。这既是各国发展特殊教育的规律，又是特殊教育发展中存在的问题。社会的发展需要培养高素质的人才，需要发展普通人的教育，很多国家义务教育的立法首先是正常儿童的教育，过若干时间后才有特殊教育的义务教育立法，美国、俄罗斯都是这样。有的国家在同一立法中宣布普通和特殊的义务教育（如日本），但实际施行起来，还是盲、聋教育在后，智力落后的教育更在后边。这里当然有经济发展水平和教育投入的问题，但更重要的是社会和主管教育部门的认识问题，他们没有考虑到社会的发展中也有社会中的一部分残疾人的发展问题，不是普通人先走、残疾人等待以后走，而是应该统一考虑和安排，争取条件逐步达到齐步走。特殊教育是人类社会文明和进步的重要标志之一。现在不少国家尚未发展特殊教育并不是没有普通教育，而是没有把特殊教育纳入教育主管部门的日程，没有在安排、发展普通教育时考虑到社会中的这一部分人。而这项工作常常是由热心人士、慈善机构或宗教界人士从福利安置先做起来，再得到教育部门的承认或支持后逐渐发展起来，也就是本应是国家政府的行为而先由个人（私人）行为开始逐步转变成国家行为。普通教育一般没有这样一个普遍性的转化过程。从全世界的范围看，已经受特殊教育的人数远远低于需要受特殊教育而尚未受到特殊教育的人数。因此，解决这些人受教育的问题不应再重复一二百年前特殊教育产生时期的先私后公的长期、缓慢转化过程，不应长期滞后于普通教育。现在各国发展特殊教育的经验已有可能使普通教育和特殊教育同步或逐渐同步发展。

（四）特殊教育后残疾学生的出路未能很好解决

特殊教育很重要的一个目的就是使残疾人受到教育后不仅本身潜能得到发展，而且可以有能力平等进入社会劳动和高质量的生活。为此，很多国家投入了大量经费，不仅在特殊教育学校中进行家务劳动自我服务的培养，进行社会化劳动技能的训练，还为毕业后的学生设立了各种职业训练中心和机构，进一步培养他们的劳动技能，使他们胜任社会上的工作。很多国家政府也为此做了很多工作，主要是通过了各种优惠残疾劳动者就业的法令。日本、美国、俄罗斯、北欧国家等都有成套的残疾人劳动法规。有的要求各机关、企事业单位按工作人员比例接纳残疾人就业，否则要罚款，美、日、英、法等国均有这样的法令。美国前总统里根还签署过号召"雇佣残疾人周"的文件；俄罗斯等国用国家投资办厂，集中安置残疾人，在劳动时间上给予照顾和给予补贴的办法；还有福利国家发给残疾人补助金、国家养起来的办法。应该说，为受教育后的残疾人出路提出了不少办法和实行了不少措施，但实际情况却不尽人意，残疾毕业生常常享受不到联合国《残疾人权利宣言》规定的劳动权。有一些业主宁可交罚款，也不按法律规定的比例雇用残疾人。他们的才能在社会上得不到发挥，国家大量的教育投入没有产生出应有的效益。据国际劳工组织的研究报告，美国残疾人失业率为 62%，盲人失业率更高；日本残疾人失业率为 53%；在德国 220 万失业人口中近 1/4 是残疾人。这影响了特殊教育的发展，使受特殊教育的本人和家长看不到受教育后的出路。当然这个问题不是教育部门能够解决的，要整个社会共同努力去解决。有一些国家的残疾人在受完较高层次的特殊教育，特别是职业教育后其毕业安置情况就较好。例如，日本 1989 年特殊教育学校和高中职业本科毕业生就业情况如下表：

	盲校		聋校		养护学校		特教班	
	毕业生	就业	毕业生	就业	毕业生	就业	毕业生	就业
中等教育	371	0	545	5	8 449	80	11 272	2 823
高中职业本科	599	141	700	340	8 275	2 690		

从上表中可以看到随着受教育程度的提高，特别是受适应当地职业需要的专业教育水平越高，就业的人数就越多。

因此，从特殊教育本身的投入来看，应注意加强对产出效益好的方面的投入。

二、特殊教育发展的趋势

在世界走向 21 世纪时，众多的专家在撰文探讨所从事工作和学科的发展趋势。特殊教育方面的学者也纷纷论述"一体化"（即融合）、"回归主流"、"全纳"（即包含或包容）是世界特殊教育的发展趋势，某些西方学者也不全赞成此看法，而认为还是要特殊教育。有的学者在《发展中国家的残疾儿童》中专门分析了西方的方法对发展中国家适应的问题，并提出了建议。综观各种观点，有一种值得注意的倾向，就是某些人认为某一西方发达国家的做法就是最先进、最正确的，是各国均应效仿的标准，是发展的趋势。这里包含着正确的成分，但似乎缺少对特殊教育全面情况的具体分析，对发展中的共同性前景与各国各地的具体特殊性结合不足。笔者认为，应从特殊教育对象客观存在这个事实，从人们对其认识、态度和其社会地位，从对其教育安置方式、时间、内容，从社会多方面力量的参与，从学科的发展等多个层面来看其发展的趋势，以便能更全面、更客观地认识特殊教育的未来，使我们的认识更接近未来的实际并能指导和鼓舞我们的工作和学科的发展。当然，这种认识是要方法正确、多次反复和不断修正，逐步达到更准确的分析和认识。

（一）特殊教育的对象将继续存在

在社会上存在有特殊教育需要的人是特殊教育存在和发展的最基本的前提条件。有人预料，社会经济、科技的发展及人民生活水平的改善，残疾儿童（特殊教育狭义概念中的对象）将要逐步消失，特殊残疾儿童出现率的减少也就逐步失去了特殊教育的存在条件。这种人的预料只看到了特殊教育对象产生的一个方面，对造成的原因也仅看到了疾病或生活水平这一个方面，事实上的情况远不这样简单。我们应看到如下几方面的情况：

1. 人类社会中个体和群体的差异性

这是产生特殊教育对象的根本原因。人类社会中的每一个人都可以从某一个或某几个方面与其他人区分开来，即使是双胞胎也有可以区分的方面。人和人之间的差异是多样化世界的客观存在。在人和人的差异中又可以看到人和人的某些共性，不仅仅都是人，而且可按各种原则和特征（如性别、身高、体重、文化、民族、地域、有无残疾、残疾种类、智力水平等）分成不同的群体。按某一特征区分开的群体之间也存在差异。就像世界上的人不可能都是同一身高、同一体重一样，人在身心发展上的差异性、群体的差异性在客观上是人类社会中永远存在的。多数人在发展中靠近某一指标的平均水平，少数人（占人数的 1％、2％或 3％）与平均水平有明显的差异。这种相对存在的个体或群体差异就使在因材施教的过程中产生不同的要求，有特殊教育需要的人存在，特殊教育也就有了存在的条件。人们对这种差异的认识也是逐步变化的。开始时，人们多是认识了明显的感官和肢体的残疾，出现了盲、聋、智力残疾、肢体残疾等方面的特殊教育。这些人仅占同龄学生的2％—3％左右。以后人们又加强了对天才、天赋优异儿童的教育以及言语障碍、社会犯罪少年儿童等方面的教育，需要受特殊教育的人就增加到了学龄儿童的 5％—6％。近年不少国家，如英国、欧洲一些国家，把各种学习困难、各种特殊才能儿童的教育也纳入特殊教育，总人数已占到学生总数的 10％以上。美国最近也把自闭症（孤独症）、脑损伤等作为单独类型列出，作为特殊教育对象。应该说，随着教育的发展，人们越来越重视每个人的特性，有特殊教育需要的不仅仅是少数盲、聋、智力落后等残疾儿童，而且把特殊教育对象不断扩大。应该说，只要人类社会存在，人的个体和群体差异性就存在，广义上的特殊教育对象就不会消失。

2. 非疾病造成的残疾还会存在

从造成儿童残疾的病因看，除了先天和后天疾病，与生活水平和卫生水平有关的因素外，还有其他的因素。工业的污染、环境的恶化以及自然、社会、心理等方面的非生物因素同样造成儿童的残疾。现代化工业和技术发展一方面给人类带来进步和财富，另一方面也给人们的生存环境带来不利的影响，虽然可逐步克服或消除这些有害影响，但这不是在短期之内可以解决的。社会不断发展，新的有害因素就会出现。放射、噪声、有害元素、光污染等都可造成儿童的残疾，儿童的残疾是社会发展让我们人类付出的昂贵代价。社会不安定的因素，如战争、部族冲突，现代社会中的交通事故，地震、水灾、火灾等自然灾害，以及日常生活中的偶然事故（如中毒、摔伤等）也会产生残疾儿童。在社会发展中可能还会产生新的非疾病的致残原因。短期内这些新原因是不会消除的。

3. 世界的总人口在不断发展

不同专家对世界人口的增长有不同的估计，差别很大。但总的都是很快速的增加。如果20年的努力使致残率下降一个百分点，而总人口在此期间增加50％时，残疾人的绝对数字就相等了。当然不一定会保持原来的残疾人总数，但总人口的增加使致残人数的绝对数还会保持在一个相当的水平上。美国特殊教育的重要法令《所有残疾儿童教育法》实行了二十几年后的历年特殊学生的人数并没有减少，反而是小幅度的提升；日本也普及了特殊教育多年，在特殊教育学校和特殊班的各类特殊学生的总人数20世纪70年代后有小幅度的变动，但基本保持在一个水平。美、日这样的国家尚且如此，从整个世界看，残疾人应受教育的人数不会大幅度快速下降。理论的推算和发达国家的实际都说明了这一点。

4. 对疾病致残的情况也要具体分析

很多国家在分析致残原因时一般按先天（含遗传和孕期）、后天（各种疾病和其他原因）和原因不明来划分。疾病仅是各种原因之一。在不同种类残疾和不同年龄组的残疾人中几种情况所占的比例不同。有一些病是成年人致残原因，而儿童中已经没有这种原因致残了（如某些传染病）；有一些儿童致残的新病因（如某些新药物致残）在成年人中较少遇见。对某些残疾（如智力）病因不详的比例就较大，因为人们对这个问题的认识不像对盲、聋认识的那样清楚。因此，在新世纪中对后天疾病的研究会有进展，会消除某些病因，但对所有病因全都清楚并能预防的目标还难以达到。每年新生的婴儿中出生就残疾的也占一定比例。事实上在世界范围内不发达国家的很多病因还不能控制，更不要说先天遗传或病因不明的致残因素了。医学的进步并不能完全消除我们对所有病因的无知和控制，至少在短时期（如几十年或一个世纪）内还不可能完全认识并预防所有的致残因素。

综上所述可以看出，在新的世纪内特殊教育的对象还将继续存在，特殊教育就有存在和发展的基础和客观需要。

（二）特殊教育的法律体系更加完善

目前世界上的特殊教育发展常常与法的制定有密切关系。世界各国逐渐进入了法治轨道，因此特殊教育的发展也要依法进行。仅靠热心人的爱心和奉献、仅靠慈善救济来发展特殊教育的时代已经过去。已有较好、较多特殊教育法律的国家的特殊教育法律会更完善、更丰富，修订得更符合现代社会的需要；只有少量特殊教育法律的国家会有更详细、更完备的法律，使得特殊教育的各个方面都有法可依；没有特殊教育法律的国家会制定该地发展特殊教育的法律，使特殊教育作为国家和政府的事业之一而确立其应有的地位。法律的制定和完善表明一个国家和社会发展与进步的程度。对特殊教育的法律同样是这样。社会对残疾人的认识、社会是否给予残疾人平等的教育权利和是否实行了这种平等的权利，社会是否给予有特殊需要和困难群体以特殊的关怀以及残疾人实际所处的社会地位在法律上都可体现出来。发展的趋势必然是各国都有法律保障残疾人和各种特殊教育需要的人的生存权、发展权和各种社会权利，包括平等受教育权，以使每一个残疾人的潜在能力得到最大的发展，使特殊教育得到合法的平等地位与特殊的关怀。那些轻视、歧视残疾人，不给予残疾人平等受教育机会，甚至嘲弄、侮辱残疾人及其教育，剥夺他们受教育权的现象将成为违法行为并受到社会的谴责。全社会将会为残疾人的特殊教育提供更多的方便和条件。人类启蒙学者们提出的"人皆平等""人人皆可受教育"的理想将得到法律的实际保障。

（三）特殊教育的安置形式更多样化，更易于残疾人充分参与社会

20 世纪中叶以后在很多国家传播了"正常化""一体化"（融合）"回归主流""全纳"（包含、包容）以及"反对贴标签""非机构化"等观点，在一些地方认为是一种"运动"和国际化的趋势。特殊教育的对象被安置到了普通的、非隔离的学校中，不再对残疾与非残疾分类，没有了"盲""聋""智力残疾"等"标签"，取消了特殊教育的独立机构，并认为这样就可使残疾人回归到"主流"（普通人）社会，就可与普通人享有平等就学权利了。近几十年来，针对过去的慈善收容机构把残疾人关闭在机构内而与社会长时间分开的做法而提出的"正常化""融合"（一体化）等观点是有进步意义和普遍性的。但在传播过程中有些人把其绝对化，这就有些与最开始的初衷不同了。有人把对残疾人安置的特殊学校说成是隔离的体系，与把残疾人安置在普通学校的回归主流体系看成是两种根本对立、不可并存的体系和思想；有人把"融合""包含"（全纳）说成是世界特殊教育发展的唯一趋势和最好形式，把这种形式绝对化。对此问题人们有不同的看法和争论。在争论的双方中共同的都是愿意残疾人能有更多机会和更好地与正常人融合到一起，只是在强调满足残疾人与普通人的共性或强调残疾人的特殊性的侧重点上有分歧。目前的特殊教育发展的实际情况和趋势是：根据各地和各个残疾人的具体情况，选择和实施对残疾人最有利、也是残疾人最需要的可能安置形式，这种形式从长远讲使其有利于充分参加到社会的生活中去。形式应是多样化的，没有统一的、万能的安置形式。过分强调残疾人与普通人的共性而忽略其特殊性是不妥当的；过分强调其作为残疾人的特殊性而忽略了其作为人的共性，同样也是不合适的。必须二者兼顾并密切结合。安置的形式是要为安置的目的、为特殊教育的目的服务并服从于此目的。因此。可变动的多样化的安置形式，既有国际的统一性又有地方和民族的特殊性，而且二者结合协调统一的教育安置形式才是发展的趋势。一切从当地的实际情况（经济、文化、传统、教育等）出发又遵照普遍规律的安置形式就是该地或某一残疾人最恰当的形式。"正常化""融合""回归主流"等可以适合某些国家和地区，也有其对各地供

参考借鉴的思想，但不是唯一的趋势和形式。千差万别的国情在普及特殊义务教育时必然有多样化的形式。

（四）特殊教育的起止时间和内容向上下延伸

世界特殊义务教育的普及将是 21 世纪的重要工作和重点方向，但从世界整体看，各个国家，不管是发达国家，还是特殊教育刚起步不久的发展中国家，都在发展学龄特殊教育的同时把开始教育的时间下延，有的法令规定到 3 岁（如美国），美国有的州已下延到 0 岁；有的国家（如英国）有明确的从出生后多次检查儿童发育的制度，以便尽早发现婴儿发育的异常，并在 2 岁开始特殊教育的服务。亚、非发展中国家中在建立特殊教育机构时已把残疾幼儿部或幼儿班列入到了发展规划。人们认识到残疾儿童残疾发生的时间不全是在学龄，而多数是在出生时或出生后的 2—3 年内，这样的儿童如等到学龄时再入学就影响了他们的发育和发展的最佳时期，越早开始干预就可以越早获得好的结果，就可以使残疾幼儿的损害不至于造成更大的残疾和障碍。这是世界卫生组织对残疾的三种程度的规定。

残疾人受教育后必须带着适应社会生活的知识和能力进入社会，否则仅靠社会的救济和亲友的供养不可能享受到人的尊严和享有平等的地位和权利，特别是在众多国家都是市场经济，就业等方面都有激烈的竞争，残疾人仅有某些基础知识和技能适应不了社会，经不住就业中的激烈竞争。因此各国普遍加强了在特殊教育基础教育后期和基础教育后的职业训练及教育，建立了各种机构，采取了多种形式训练当地、当时需要的职业技能。发达国家是这样，发展中国家更是这样，否则这些残疾人受教育后仍然没有生存权和发展权。由于残疾人群体中的差异性，少数残疾人基础教育以后可以继续升学，在高等教育中受到职业教育，但多数残疾人在短时间内还不可能做到这点，因此职业训练将是特殊教育发展中的趋势。在特殊教育开始和终止时间的这种上下延伸，就为残疾人真正按其潜力发展、取得在社会中平等的生存和工作权利准备了条件。

（五）特殊教育进一步社会化

任何一类教育都是社会的事业，特殊教育就更是涉及多个社会部门的事业。各国的特殊教育机构一般是教育部门主管，但也有归社会保障部门管的（如俄罗斯唯一的、世界上少有的盲聋哑儿童之家，世界最早的巴黎法国国立聋人学院），也有归卫生部门管的（如一些国家的疗养与教育合一性质的病弱儿童疗养院）。残疾人的教育事业已经越来越多受到社会各个部门、各种团体的关心和支持，各种基金会、各种宗教团体不仅在本国，而且在外国支持残疾人的特殊教育事业。这是社会化的一种表现。还有一种表现是家长的参与。特殊教育更需要家长的配合，也需要家长的参与，美、俄、日等国的有关特殊教育的法令和章程中都很突出强调了家长的权利和责任，这就使特殊教育超越了教育部门而吸引了社会家长的积极介入。社会化的第三个表现是多学科的参与。特殊教育比其他学科更多地吸引了除教育学、心理学之外的医学、哲学、社会学、语言学、现代技术科学、物理学等诸多自然和社会人文科学，因为残疾儿童及其教育是这些领域的研究内容之一或相邻领域。任何一门学科都有其相邻学科，但特殊教育涉及的就更多、更广。社会化这样一种情况将继续和发展，在未来既可促进特殊教育的发展，又可促进各个部门的工作和相关学科的发展。

（六）特殊教育学科将进一步形成和发展

在本章的第一节中已谈到过特殊教育的学科体系尚未形成，在里面分析了在学术方面的诸多分歧和基本概念上的不统一现象。在新的世纪中，实践的发展、学术的探讨和交流将会使分歧逐渐消除，在分歧中逐步找到共同、统一的东西。例如，在关于智力落后的定义曾有过苏联强调损害的物质基础，仅用定性的描述和长期、复杂的观察来鉴定而排斥测验的观点；也有过主要依靠智力测验、得出数量表示的智商的西方的判断方法。经过实践和交流，东、西方的概念都比以前有了变化，俄罗斯已不仅用质量描述，也开始使用了测验，西方也不仅用智商而还要考虑社会适应能力等其他方面。双方的定义在接近。苏联一概排斥西方的特殊教育理论，认为是伪科学，是实用主义和资产阶级的；西方也排斥苏联的理论，斥为隔离的、不人道的、错误的。但是，现在西方已翻译并介绍了苏联维果茨基、鲁利亚的理论，用他们的观点重新研究某些特殊教育的问题，如把从前聋人"没有语言的思维"更改成"有语言和没有语言的思维"，重新设计了新的测验"K—ABC"（考夫曼儿童成套测验，非语言）。而俄罗斯不仅翻译出版了西方的大量特殊教育和智力测验的著作，还修订了过去反对过的韦氏儿童智力量表，并使其在俄国标准化（首先在圣彼得堡实现了标准化）。这些说明，只要是追求客观规律的、无偏见的专家和学者，在充分的实践和交流中是会找到共同点的。共同点的增多就会共同找到特殊教育的规律，就会为特殊教育学科的形成做出贡献。当然，现在的分歧和问题还有很多，连基本的概念、分类上还有诸多的不同观点，因此，这将是一个漫长和艰难的过程，但总是会朝着这个方向前进。今日的世界发展使信息和人员的交流变得更容易，相互间的合作与共同研究也有了更多机会，特别是多学科、多国之间的比较研究和交流。世界上的国际组织和国际会议在特殊教育方面也是很多的，很多国家政府和基金会愿意资助这方面的人道主义的事业。因此，在新的世纪发展中为特殊教育及其下属学科形成独立的学科奠定基础或初步形成是有可能的。

（七）特殊教育国际化与民族化进一步发展和结合

特殊教育在欧洲一产生就不是一个国家的事业。以聋教育而言，法国的莱佩和德国的海尼克在特殊学校一诞生就有过手语和口语的争论；在19世纪末就有过关于聋教育和盲教育的国际会议。1878年召开了第一次国际聋教育会，1873年国际盲教育会承认了布莱尔盲文体系，1879年在柏林的国际盲教会上决定把此用于盲人教学，1895年决定以布莱尔的名字命名盲文体系，一直有效至今天。人员的交流也是如此，阿羽依1803年就到俄国去帮办聋校，美国聋校也是请法国人去帮助办的。加洛德特还去了法、英考察。这种专业国际会议和人员交流应该说是在世界上各学科领域中较早的。到20世纪这种国际会议和交流基于人道主义和人类对残疾人的特殊关心就更加强了。由于各国的残疾人在残疾上有其共性，一些方法和观点有较大的普遍意义，法国依塔德、谢根的感觉训练方法被意大利的蒙泰梭利学习和发展后在世界得到了传播。联合国对残疾人发表过几个宣言，国际教育局在 20 世纪 60 年代也召开过特殊教育的国际会议，向各国政府提出了特殊教育发展的建议。1994年在西班牙萨拉曼卡又召开了 88 个国家政府代表和 25 个国际组织代表出席的"世界特殊教育需要教育大会"，讨论和通过了"萨拉曼卡宣言——关于特殊需要教育的原则、政策和实践"。所以，特殊教育国际化的特点是很明显的，国际社会关心，通过可指导各国政府和各组织在特殊教育方面行动的纲领。这种国际化在新的世纪会进一步加强。但是，世界上的众多国家从政治、经济、文化、传统、地理、历史发展等方面又是多种多样的，一个国家中有不同的民族和特点，因此在特殊教育发展中又各自形成了自己的地方特点，各国、各地政府和人民在自己的土地上主要依靠自己的努力创立和发展了自己的特殊教育。为了进一步发展，需要学习外国的经验，需要取得国际的帮助，但归根到底要靠自己的努力，这就使自己国家和地方的、民族的特色得到了进一步发展。越有民族性就越有国际性。各国都没有了民族特色，也就没有了丰富多彩的世界，国际性也就没有了存在的根基。新世纪特殊教育的国际化和民族化都将得到进一步发展并使二者更紧密地结合。世界上各国特殊教育中的差异性才是国际交流探讨方面的问题之一，才是推动特殊教育前进和取得新的国际共同认识的动力。各个国家和民族在特殊教育发展中解决了自己的问题、做出了自己的特色，也就为国际特殊教育的发展、为国际化特殊教育做出了自己的贡献。

第六章　中国的特殊教育

一、中国特殊教育的历史

（一）中国古代关于残疾和残疾人的记载

社会对残疾的认识和对残疾人的态度是产生和发展特殊教育的重要条件之一。中华民族有五千年的文明史，在自己的发展过程中早就注意到了人类个体发育中的异常情况。早在周朝（公元前 8 至 11 世纪）的钟鼎文时期，就有关于外伤致盲使人失去视觉的记载，符号是 ，即眼睛被一物戳伤。据考证，这是怕抓住的战俘逃跑而刺伤眼睛的记载。这个符号后来演化为现在的"民"字。公元前 4 世纪成书的《左传》卷六·僖公二十四年（相当于公元前 600 年）记载过"耳不听五声之和为聋，目不别五色之章为昧"。这里的五声即五音，是现代乐谱中的 dou，lai，mi，sou，la；五色是青、黄、赤、白、黑，即现代科学中的光谱色。这两句话可理解为：耳听不到高频和低频的声音是聋，眼分辨不出颜色、无光感是盲。这种接近现代科学的对聋和盲的记载比古代欧洲迷信、宿命的论述要进步得多。类似这种较准确、较客观地记述各类残疾的文字在我国浩瀚的古代文献中俯拾即是。如，春秋时的《管子·入国》明确提到"聋盲、喑哑、跛躄、偏枯、握递"（即聋、盲、哑、下肢残、偏瘫中风等）。古代传说中的舜之父叫瞽瞍，解释是：有目不能分别好恶，时人称之瞽，瞍为无目之称也。战国老子《道德经》中讲："五色令人目盲，五音令人耳聋"，这里已把盲、聋与声、光联系起来形容、比喻某些现象。东汉许慎在《说文解字》中讲，盲是"目无眸子"，即眼中无眼球，类似现代医学中的先天性无眼球或后天原因失去眼球造成的失明。《淮南子》中谈到"盲者，目形存而无能见也"，这就是今天所讲的视神经损害、而眼外观没有损害而造成的失明。《后汉书·袁闳传》中讲"喑不能言"（喑即瘖，是一种不能说话的疾病，是今天言语障碍的一种）。《汉书·李广传》中"呐口少言"，《晋书·左思传》中"貌寝口讷，而词藻壮丽"，这里的"呐""讷"讲的均是说话迟钝和口吃，是常见的一种言语流畅性的损害。《宋书·南郡王义宣传》讲"生而舌短，涩于言论"，说的是由于言语器官（舌系带）解剖学上的问题而说话不清并使心理上产生问题而语言迟钝。在《左传》《史记》中有过关于身材矮小的"侏儒"的记载。《吕氏春秋·尽数》中讲了"轻水所多，秃与瘿人"（即缺碘的水喝多了，头发脱落，出现大脖子而不会说话），这是指克汀病造成的智力落后和聋哑症。《论语·先进》中说"柴也愚，参也鲁……"，即孔子说其弟子高柴愚笨，曾参迟钝，当然，这里的"愚""鲁"不是今天的智力落后，但说明了在孔子的弟子个体之间的智力和能力有差异。从以上举的材料中可以看到，中国古代对于人类各方面的残疾和差异的记载很早、很客观，有些方面还接近现在的科学。

在中国古代作家、学者的一些著作中也有过一些对残疾情况的个人描述。例如，白居易晚年赋诗描述自己的视觉损害，他写道："散乱空中千片页，蒙笼物上一重纱，纵逢情景如看雾，不是春天亦见花。"当代著名眼科医生据此"主诉"的症状判断了白居易晚年眼底的病变。宋朝的苏东坡到海外时见过较原始社会的人群后曾写过："海外有形语之国，口不能言而相喻以形，其以形语也捷于口。"这里的形语即手势表情语。

中国古代对于残疾人的描述，特别是著名的残疾人的记载也是很多的。纪元前春秋时代的师旷是个盲人，精通音乐，善奏古琴，且政治上表现出民本思想，有外交才干和老而好学的精神，他的很多故事为后人传诵。唐朝失明的鉴真和尚东渡扶桑，为中日两国人民所崇敬。《二泉映月》的作者、二胡演奏家阿炳名扬中外。失去双足的军事家、《孙膑兵法》的作者孙膑，受过宫刑但仍坚持写出历史名著《史记》的司马迁，《左传》的作者左丘明等很多著名的残疾人医生、学者、使者等也和中华民族其他的人一样在中华民族的文明史上做出过自己的贡献。

（二）关于对待残疾和残疾人的态度

在悠久的中国历史上不乏唯物、科学和进步地对待残疾和残疾人的思想，特别是这些思想与欧洲同时代的思想相比是更进步的。例如，前面引用的《左传》中对"聋"的记载，比亚里士多德时代的欧洲要科学。东汉唯物主义者王充（27—约97年）承认感官经验是知识的来源，批判"生而知之"的唯心主义论调，这比法国18世纪著名哲学家狄德罗关于盲人知觉的论述早一千多年。俄罗斯从事特殊教育史研究的费奥克吉斯托娃在自己的著作中曾提到过王充，并把他和夸美纽斯、罗蒙诺索夫并列。当欧洲一些国家对残疾人进行"灭绝"、残疾人没有生存权的时候，中国的《礼记·礼运》中提出"人不独亲其亲，不独子其子；使老有所终，壮有所用，幼有所长，鳏寡孤独废疾者皆有所养"的思想。儒家的这种尊重各种人，各种人都有生存权，社会应关心残疾人的思想是十分进步的。欧洲提出包括争取残疾人的生存权的"人人平等"的思想和人道主义思想要比这晚十几个世纪。类似这样的思想和态度在其他文献中也有。例如，在《礼记·王制》中讲"瘖、聋、跛、躄断者、侏儒、百工，各以其器食之"。在《管子·入国》中讲："所谓养疾者，凡国皆有掌养疾，聋盲、喑哑、跛躄、偏枯、握递、不耐自生者，上收而养之疾，官而衣食之，殊身而后止。"这里不仅提出了抚养残疾人的思想，还有要设置专人抚养的措施，要对不能自食其力的残疾人由社会予以关心，直至他们自然死去。这是中国古代的"仁者为政，先拯残疾"思想的体现。不过由于古代社会的生产力水平不高和社会制度的限制，这些进步思想还不能充分体现，还没有现代意义的特殊教育。

（三）残疾人特殊教育机构的建立

由地方政府或有钱人设立福利收容机构的事实在很多"地方志"中都有记载，这里主要是收养和救济。例如，河北沧县的地方志中就有在几百年前这种机构的记载。也有的收容了部分儿童，除收养、劳动外也给一些教育，当然是以生活自理、劳动技能为主，也有些初步的文化。在太平天国农民起义时，起义军后期的领导人物之一洪仁玕在其写给天王洪秀全关于建国的纲领性文件《资政新篇》中专门提出了一条"兴跛盲聋哑院"。其内容是："有财者自携资斧，无财者善人乐助，请长教以鼓乐书数杂技，不致为废人也。"洪仁玕借鉴欧洲之经验，从中国的实际出发提出了建立肢残、盲、聋哑等残疾人的教育机构。有钱人的子女自己付费，无钱的请人捐助，请老师按孩子的不同能力教他们一些文化和求生的本领，目的是使他们残而不废。对这样一个建议，洪秀全在上面批了"是"字，表示赞同。不过由于太平天国的失败，这个纲领也未能实现。

保留至今的、中国最早的一所特殊学校是现在的北京盲人学校。1874 年，英国长老会在北京的传教士穆威廉，见二盲童，遂在北京东城甘雨胡同借长老会房屋，发起创建了盲童学校，定名"启明瞽目院"。1891 年英国女教士弋登库明女士在伦敦代募基金，成立基金保管委员会，按年拨款，补助学校经费。1920 年中外人士组成董事会，在北京西郊购田 80 余亩，建房 150 余间，学校迁至此处至今。当时学校由董事会领导，下设院长一人，主管院务。有总务、文书、教育、工业各部门，有专人分管。教学分小学和特教二部，小学为与普校相同的初小四年、高小二年，还有入学前的预备班，使用普小课本。因学生人少，合班上课，全校仅分预备、初级、高级三班。特教班是专学劳动技能，男生部学纺织（织布、织毛巾、织袜等）、编藤木器、制鞋等，女生为织布、纺毛、绒工等。1891 年在广州芳村由美国博济医院医师赖马西于医院收养学前盲女 4 人。送入附设之女塾读书，聘香港教会之盲女当老师。随后在福建闽侯有中华圣公会私立灵光盲童学校（1898 年）、中国人自己办的河北沧县训盲学校（1908 年）、广州信立瞽目女校（1910 年）、上海盲童学校（美国人办，1911 年）、湖南信义瞽目院（1912 年）、福建心光学校（1915年）、湖南省救济院盲哑学校盲部（1916 年 5 月）、江苏南通私立盲哑学校盲部（1916 年 11 月）等。

中国最早的一所聋校是 1887 年美国传教士查理·米尔斯创建。1920 年辽宁沈阳建立了"辽宁私立聋哑职业学校"，1916 年湖南救济院盲哑学校哑部，1920 年上海群学会聋哑学校建立，1919 年北平私立聋哑学校建立，1916 年南通私立盲哑学校哑部建立。到 1930 年时全国有盲聋哑学校 24 所（盲学校 13所，盲聋哑学校 8 所，聋哑学校 3 所），学生 786 人。除了教会兴办特殊学校外，我国一些热心的人士也纷纷出洋考察学习（如江苏的张謇、辽宁的吴燕生等），回国后分别在家乡创办了特殊学校，写了书，培训了师资，推动了中国的特殊教育。还有一些人在国内特殊教育学校的师范部学习后也回自己的家乡办了特殊教育，如北京的杜文昌、湖南的刘先骥、四川的罗蜀芳等。

对于智力落后儿童的教育从清末就有人著文介绍外国的情况和主张在普通学校内设低能儿童的特殊班。著名教育家邵爽秋在 1922 年就主张设"个别辅导班"和"智慧察验班"来帮助智能不足儿童并提出了方案。根据《教育杂志》第十三卷第三号（1921年3月20日出版）陈献可《特殊学级教学的报告》中记载，江苏省立第三师范附小专为智能不足的学生设立了特殊学级，既为解决普通班级教学的负担和学生的痛苦，又缓解了家长的不安和为探讨此类学生的问题创造了条件。此班在筛查、鉴定、课程、教法、组织形式等方面进行了很多试验，取得了很好的效果。但由于历史原因，未能坚持和推广。

在特殊教育学校自发产生的同时，当时的统治者没有在有关规章中对此加以肯定，在兴办普通教育时未能正确对待残疾儿童。1903年修订的《奏定初等小学堂章程》中提出："或病弱，或发育较迟不能就学者……准暂缓就学"，"如有患疯癫痼疾，或五官不具不能就学者……准免其就学"。辛亥革命后有关的"小学校令"中有了盲哑学校的设立规定，在1916年北京政府规定的有关学校的实施细则中还提到了盲哑学校校长教员的任命，其后的文件《壬戌学制》（1922年）中提到过"对于精神上或身体缺陷者应施以相当之特殊教育"。不过当时的政府并未真正兴办特殊教育。对于教会或私人办的特殊学校也只是纳入博物馆、体育场、电影院一类的社会教育，而没有真正纳入国民教育体系。旧中国数量很少的盲、聋校多是私立或慈善、救济机关办的，根本没有统一的教学计划、大纲和课本，经费得不到保证，宗教对学校有很大影响。教师负担很重，待遇也低。从1930年的一个统计中可以看出，盲校和聋校的师生比分别是1：17和1：13。一些热心特殊教育的人士做了很多宣传、调查研究、创造教学手段和教学方法、写书并自费出书、培训师资等工作。这些人的工作是中国特殊教育开创和建立历史中艰苦而辉煌的一页。

根据1934年和1948年两次《中国教育年鉴》的资料和有关材料，可以看出从1928年起特殊教育学校发展的情况：

年度	1928	1929	1930	1931	1932	1933	1934	1935	1936	1937
学校数	7	24	21	25	23	28	26	25	30	15
学生数	276	786	1275	1026	666	917	955	1150	1417	538
教职员数			80	154	138	178	165	169	185	66

年度	1938	1939	1940	1941	1942	1943	1944	1945	1946	1948
学校数	11	12	12	12	10	8	5	21	40	42
学生数	382	639	650	539	434	430	364	1151	2322	2380
教职员数	50	50	60	53	98	70	66	266	324	360

1948 年底出版的《中国教育年鉴》的特殊教育情况是：

	盲校	哑校	盲哑校	盲哑班数	学生数	教职员数
公立	1 所	4 所	3 所	58 个	530 人	93 人
私立	9 所	19 所	6 所	189 个	1850 人	267 人
合计	10 所	23 所	9 所	247 个	2380 人	360 人

从 1928—1948 年的统计中可以看到特殊教育学校有了发展，在抗日战争中特殊教育学校没有完全停办。但是发展的速度不快，与中国残疾儿童受到平等教育的水平还相差甚远。特别是从 1948 年的统计中可以看到，仅有 8 所公立学校，其中 1 所是国立特殊教育学校。多数是私立学校，占学校数的 80%。在 2 380 名学生中聋生 1 726 人，盲生654 人，没有专门的智力落后教育。

二、中国特殊教育的现状

（一）行政领导体系和法律

1949 年中华人民共和国建立后不久，周恩来总理签署的《政务院关于改革学制的决定》中就明确指出："各级人民政府并应设立聋哑、盲目等特种学校，对生理上有缺陷的儿童、青年和成人施以教育。"这个决定的重要影响是：①把特殊教育（当时叫特种教育）纳入了国民教育体系，与幼儿园、小学、中学等一起构成国家的教育体系，在大陆改变了残疾人教育属于社会教育，不能与其他青少年教育处在同等地位的历史状况；②确定了残疾人教育是国家的事业，是政府的行为，不是私人和慈善的工作。此文件颁发前后私立和慈善的特殊教育机构都由政府接管，纳入了教育部门主管的体系。因历史原因，慈善机构内部分学校由民政部门在接管慈善机构、福利院时一起接管；③确定了特殊教育是狭义的生理上有残疾的盲、聋等儿童、青年和成人。这几点是几十年来指导中国特殊教育发展的基础之一。1953年在中央教育部设立了盲聋哑教育处，第一任处长是辛亥革命的元勋黄兴之子、盲人黄乃。因当时仅有盲、聋学校，故行政机构的名字也以此命名。后此处随教育部机构调整几次变动、合并到综合处、小教三科、幼教特教处等。1980年重新设立为特殊教育处，属初教司（后改基础教育司）。名称的改变表示了除盲、聋教育外，其他残疾人的教育也已列上日程。这个处的职责主要是贯彻和掌握政府关于特殊教育的工作方针、政策；制订特殊儿童义务教育和学前教育的发展规划和有关章程并组织实施和检查；制订各类特殊教育学校的教学计划、教学大纲，组织编写和审订教材；对特殊儿童的教育工作进行督导。1994年为协调国家教育委员会与特殊教育有关的部门（基础教育司、师范司、财务司等）和中央各部委（卫生部、民政部、中国残疾人联合会等）联系工作的方便，成立了一个非常设机构"国家教育委员会特殊教育办公室"，设在国家教委基础教育司并承担日常工作。在各省市区的教育主管部门相应的处内设专职干部主管特殊教育，在一些地区还有专门的教研室和教研员，对各地特殊教育学校的教学业务进行领导和指导。在20世纪80年代前仅中央有专职特殊教育干部，仅在个别的省有兼职负责人员。90年代各省教育部门已配齐专职特教干部，在各省残联部门也有专（兼）职特教干部。

在中央教育部设立了专门机构后，曾发布过很多指示，在统一和推广现行盲文，制订统一的盲、聋教学计划，进行教学改革，推动聋校进行口语教学，编印聋校专用课本，规范特殊教育学校的工作，增加特殊教育学校的经费和提高特殊教育的待遇等方面做了大量工作。1956年《关于盲童学校、聋哑学校经费问题的通知》（其中提到特殊学校的行政费、一般设备费、教学设备费、助学金等均高于普通中小学）、《关于1956年全国普通教育、师范教育事业工资改革的指示》（其中提到鼓励盲聋哑中小学的员工，加发工资15%）、1957年的《办好盲童学校、聋哑学校的几点指示》（对特殊学校的任务、入学年龄、班级名额、教师编制、教学改革等多方面做了原则规定）等文件的精神促进和指导了几十年的特殊教育发展。1957年文件中提出了"盲聋哑教育是国家整个教育事业的一个组成部分，……今后必须有计划地发展起来"。建国初期的十几年特殊教育学校有了不少发展，到1957年盲聋校发展到66所、546个教学班、7 538名学生、1 103名教职工，到1965年学校已达266所、22 850名学生、教职工3 712人。

特殊教育的法律建设和大发展还是在最近改革开放的近20年间。在这20年间已基本上形成了有中国特色的关于特殊教育的法律法规统一体系。这个体系有四个层次：

第一个层次是国家的根本法《中华人民共和国宪法》（1982年），第45条中规定"国家和社会帮助安排盲、聋、哑和其他有残疾公民的劳动、生活和教育"。把残疾人教育写入国家根本法的国家在世界上是很少的。我国的这一条规定是发展残疾人特殊教育事业的基本法律依据。

第二个层次是全国人民代表大会及其常务委员会通过的国家法律《中华人民共和国义务教育法》（1986年）和《中华人民共和国残疾人保障法》（1990年）。义务教育法第9条规定："地方各级人民政府为盲、聋哑和弱智的儿童、少年举办特殊教育学校（班）。"这里宣布了：①残疾儿童的教育与普通儿童一样是义务教育；②教育对象除了传统的盲、聋残疾外，增加了弱智（智力落后）儿童；③受教育的地方除了特殊学校外，还可以有在普通学校的特殊班；④再次明确了由地方人民政府负责，是政府行为。残疾人保障法中的第三章专门讲特殊教育，共有9条（第18—26条）。这里规定了国家职责、发展方针、办学渠道、特殊和普通教育方式、成人教育、师资等。这里对残疾人下的定义是："指在心理、生理、人体结构上，某种组织、功能丧失或者不正常，全部或者部分丧失以正常方式从事某种活动能力的人。""包括视力残疾、听力残疾、言语残疾、肢体残疾、智力残疾、精神残疾、多重残疾和其他残疾的人"（第二条）。这里用法律形式又扩大了残疾人特殊教育对象的范围。

第三个层次是国务院颁布的行政法规《残疾人教育条例》（1994年）。这个条例共有 9 章 52 条，对特殊教育的各个方面做了原则而又细致的规定。这是我国第一部关于残疾人教育的专项法规，是我国教育法规体系的组成部分，使发展中的特殊教育事业和学科的前进有法可依、有规可循。在此前后由国务院批转的《关于发展特殊教育的若干意见》（1989 年 5 月）、《中国残疾人事业五年工作纲要（1988—1992年）》（1988 年 9 月）、《中国残疾人事业"九五"计划纲要（1996—2000 年）》（1996 年 4 月），这里包括有对特殊教育的规定。这些也是具有法规作用的文件。

第四个层次是各省、市、自治区政府和中央教育部门制定的执行中央法令的具体规定和地方法规，这些是更细化的、更具体可操作的文件。例如，几个部委联合发出的《特殊教育补助费使用办法》，从中央每年筹集专项基金补助各地发展特殊教育；中央和地方实施残疾儿童少年义务教育的方案，招收残疾青年和体检的规定等。再下一级的行政单位（如区、县）还有更细致的具体计划。

这样就构成了一个关于特殊教育的法律法规体系，使特殊教育走上了科学、规范和民主的有领导的发展轨道。

在上述法律法规系统中有几个重要方面需要单独再加以提出。

1. **关于特殊教育的发展方针**

残疾人保障法（1990 年）第 20 条规定的发展方针是："残疾人教育，实行普及与提高相结合，以普及为重点的方针，着重发展义务教育和职业技术教育，积极开展学前教育，逐步发展高级中等以上教育。"在1988年全国召开第一次特殊教育工作会议时讨论了中国特殊教育的发展，形成了《关于发展特殊教育的若干意见》，提出了"发展特殊教育要贯彻普及与提高相结合，以普及为重点的原则。在当前和今后一个时期，发展特殊教育的基本方针是：着重抓好初等教育和职业技术教育，积极开展学前教育，逐步发展中等教育和高等教育"。这两个文件中的规定实质上是一致的，个别地方的文字上变动表明了我们对特殊教育认识的发展更符合中国发展的实际情况，更突出了我们的特点和工作重点与难点。中国这个发展中的国家人口很多，在1987年全国残疾人抽样调查时五类残疾人共有5 164万，其中0—18岁的残疾青少年儿童就达1 074万人，7—15岁的学龄儿童也有650万人。上世纪80年代初统计的特殊教育学校学生数（盲、聋童）占学龄残疾儿童的6%，到1987年抽样调查残疾人时6—14岁残疾儿童在特殊学校学习的占同龄儿童的1%，在普通学校学习（当然不全能按照残疾的特点施以特殊教育）的约占54%，二者相加约占55%，也就是说还有二三百万学龄残疾儿童没有入学，这是普及义务教育的重点和难点问题之一。因此普及残疾学龄儿童的义务教育是一个相当时期的重点工作，当然对已基本普及特殊教育地区结合形势发展的改革和提高是极为必要的。抓住了普及、抓住了职业教育就可以使残疾人在整体上进入社会、平等参与社会生活和劳动方面有了良好的基础和条件。

2. 关于特殊教育发展的途径

在几个文件中明确提出"各级人民政府应当将残疾人教育作为国家教育事业的组成部分，统一规划，加强领导"。"把残疾少年儿童教育切实纳入普及义务教育的工作轨道，各级教育部门要把残疾少年儿童教育同当地实施义务教育工作统一规划、统一领导、统一部署、统一检查"。这里讲到了特殊教育要和普通教育统一并逐步达到同步发展的问题。但是在中国这样一种条件下如何才能又快又切合实际地发展？

过去主要是靠单独建立特殊教育学校的模式，如用此模式为几百万残疾孩子解决上学问题既需要大量投资，又不符合中国实际情况。在20世纪80年代初就有人研究过，中国不能只用建立特殊教育学校的办法来普及特殊教育，要用在普通学校建立特教班等多种形式。全国第一次特殊教育工作会议上提出了"必须改革过去只举办特殊教育学校的单一模式，实行多种形式办学。要在办好特殊教育学校的同时，有计划地在一部分普通小学附设特殊教育班或吸收能够跟班学习的残疾儿童随班就读。逐步形成以一定数量的特殊教育学校为骨干，以大量的特教班和随班就读为主体的残疾少年儿童教育的格局"。这里指出的多种形式（主要是特教学校、特教班和随班就读三种形式）办学的途径和格局是总结了中国经验又吸取了外国经验教训，是符合中国实际情况、有中国特色的发展特殊教育的途径。这样做可以使普通教育和特殊教育互相促进，相互交融和渗透，可以使残疾儿童与正常儿童更多交往、相互理解和帮助，有利于最后顺利进入社会，可以花钱少、见效快，可以使学生就近尽快入学、尽快普及义务教育。中国的这一途径和模式不是抄袭外国的，也不是外国"融合""回归主流"观点在中国的体现，而是中国在历史上就有过特教班（20世纪20—30年代和20世纪50年代）、有过个别随班就读成功的事例（20世纪40—80年代均有盲、聋人上到普通大学），又有过20世纪80年代由中央教育部门领导和支持"金钥匙计划"等热心组织在几个省的几年试点和大量盲、聋、智力落后随班就读试验、总结及论证，根据中国的经济、文化情况找到的途径。多种形式中有的形式与国外的某些形式有相同或相似的地方，但其背景和很多做法、条件并不完全相同。

（二）特殊教育事业的发展

正式的统计数字可更好地表明特殊教育事业的发展。下面我们把从1953年至1997年中国大陆特殊教育学校数、学生数和教工数整理于下表之中：

年份	盲校数	聋校数	盲聋校数	智力落后校数	特殊教育学校总数（所）	学生总数（人）	教职工总数（人）
1953	13	42	9		64	5 260	797
1954	7	40	10		57	5 021	733
1955	6	40	11		57	5 312	763
1956	6	43	13		62	6 703	967
1957	7	47	12		66	7 538	1 103
1958	11	66	14		91	10 101	1 338
1959					297	17 764	2 772
1960					476	26 701	4 345
1961					341	20 282	3 840
1962					261	17 500	3 195
1963	19	163	71		253	18 029	3 285
1964	18	161	75		254	19 961	3 465
1965	25	176	65		266	22 850	3 722
1973	9	156	56		221	24 940	4 915
1974	8	185	41		234	26 019	5 225
1975	10	182	54		246	26 782	5 597
1976	9	214	46		269	28 519	5 954
1977	8	234	44		286	29 673	6 542
1978	9	243	40		292	30 934	6 933
1979	9	217	63		289	32 281	7 426

1980	9	242	41		292	33 055	8 002
1981	9	251	42		302	33 477	8 596
1982	13	257	42		312	33 673	9 235
1983	11	264	44		319	35 729	9 631
1984	11	274	41	4	330	39 884	10 291
1985	15	295	40	25	375	41 706	11 481
1986	15	382	44	36	423	47 175	13 013
1987	18	350	46	90	504	52 876	14 483
1988	21	382	43	131	577	57 617	16 056
1989	24	418	41	179	662	63 974	17 932
1990	25	480	50	191	746	71 969	19 967
1991	24	550	77	235	886	85 008	23 358
1992	26	642	86	273	1077	129 455	26 978
1993	26	714	84	299	1123	168 585	29 555
1994	27	729	120	370	1241	211 404	33 189
1995	28	786	119	446	1379	295 599	36 818
1996	27	808	145	448	1428	321 063	39 695
1997	27	845	143	425	1440	340 621	43 296

　　从以上的统计表中可以看到残疾儿童义务教育的曲折却巨大的发展。"大跃进"曾使特殊学校数猛增,"文化大革命"时又使特殊学校停滞和倒退,真正稳步、快速的发展是改革开放以后的 20 年。这种发展不仅表现在特殊教育学校总数和学生总数的增长上,不仅在大城市和经济发达地区已基本上普及了小学阶段的特殊教育,而且还使受特

殊教育的残疾儿童的种类增加了。1979 年上海长宁、静安、虹口等区的聋校设立了智力落后儿童辅读班 12 个，收学生 137 人，当时统计上海的 41 所小学 23 000 名学生中智力落后者约占1.2％。后来在北京东城和西城二区又恢复了智力落后儿童的培智班。1984 年时北京西城区培智中心学校作为独立的特殊教育学校成立，上海的聋校辅读班也组成了上海第二聋哑学校附属辅读学校。在国家的特殊教育学校统计中出现了智力落后儿童、弱智儿童的统计。义务教育阶段的特殊教育学校遍布除西藏以外的全国各省、市、自治区。其他残疾，如自闭症、情感障碍、言语障碍以及多残（智力落后兼视力或听力问题等）的儿童教育也在一些地方试点；学习障碍的儿童教育也有医生、心理和教育工作者在帮助他们。

特殊教育事业除了数量和横向的发展外，还有纵向的发展。除了小学以及初中阶段的教育外，向下提前到学前和婴儿的"三早"（即早发现、早诊断、早训练），向上延伸到普通高中、职业高中和残疾人的普通和特殊高等教育。除了教育系统参与了盲、聋、弱智幼儿的早期教育外，中国残联、民政部门也开始了早期康复训练工作。在国家批准的康复工作纲要中把残疾幼儿的康复训练看成是一种"抢救性"工作，要抓住幼儿的发展关键期来做好这项工作。各省市，包括西藏地区都有专人和专门的机构从事此项工作。到 1995 年在大中城市建立各种儿童残疾康复站（点）2 000 多个，训练了耳聋幼儿 6 万多名，10 万多名智力落后的幼儿增强了认知和生活自理能力，3 万多名低视力儿童配上了助视器。此外还培训了大量学前康复人员和家长，各个省都有聋儿康复中心。

国家教委已经成功地在南京、青岛试办了聋、盲的普通高中，毕业生已顺利地考入了高校。职业高中在北京、上海等地也已建立，培养了一批残疾的技术人员。长春特殊教育学院专门招收盲、聋、肢残大学生，天津、山东滨州等地也建立了专招残疾人的专业或系，一些地区也正在筹办。普通中专和高校也为残疾学生敞开了大门，每年有一批学生通过与普通学生一样的统一考试而进入高等学校学习。

在特殊教育的发展中体现了有关法律中规定的"普通教育机构对具有接受普通教育能力的残疾人实施教育"。1997年特殊教育班已达到10 628个，随班就读的盲生3 906人，聋生13 187人，智力落后学生211 450人。义务教育阶段残疾儿童在普通学校特殊班或普通班上课的占特殊学生的大多数，体现了"特教班和随班就读为主体"的中国式发展途径和新格局。

（三）特殊教育的体系

我国特殊教育的学校在中国近代第一个学制以法令公布前就已建立。中国第一所盲校建立于1874年，第一所聋校建立于1887年。但是，到公布"癸卯学制"（1903年）时的特殊学校都是外国教会或慈善机构办的，没有公立的特殊教育机构。已有的少数特殊教育机构形不成体系。各国教会办的、慈善机构办的或私立的学校均不属于国家的教育机构体系之内。

据《第一次中国教育年鉴》公布的1928年的特殊教育材料，公立特殊教育学校仅有2所；1929年统计，全部特殊教育学校24所，其中公立为8所。公立的学校除1927年成立的南京盲聋哑学校外，多为省救济院、市贫民教养院等公立机构附设学校。即使是唯一的国立南京盲聋哑学校也属于社会教育，列在体育场、文化馆、图书馆、民众教育馆等社会教育机构之后，没有进入大、中、小学的国民教育体系。1949年前的教育统计资料中特殊教育学校属于社会教育，1949年后台湾当局的教育统计中仍然如此。普通教育体系和学制与其没有紧密联系，某些特殊学校使用过普通课本，但并不是特殊学校纳入了普通教育体系。况且特殊教育学校仅有完全小学或初小的文化教育，各个特殊学校可依照自己情况设立预科班、职业班等，谈不到机构体系。如果一定要说体系，也可以说一个学校就自成一个体系，即从入学到送残疾儿童出校，全是学校主办者确定，国家不予干涉。中华人民共和国成立后，在政务院关于改革学制问题的决定中，提到了"各级人民政府应设立聋哑、盲等特种学校，对生理上有缺陷的儿童、青年和成年人施以教育"，这是在高等、中等和初等教育体系的改革中提到的特殊学校，是以政务院的命令形式颁布的。但当时特殊学校仅有几十所，还有一部分私立或慈善机构办的特殊学校未被人民政府接管。可以说，新中国建立后，特殊教育学校被以法令的形式纳入了教育机构体系，但这不是各个层次的特殊教育机构均已建立，还没有自己的相对独立的体系，与普通教育体系的联系也还不密切，聋校（小学程度）的学制是十年，盲校小学阶段为六年。随着特殊教育事业的发展，特殊初等教育的机构大量增加，同时中等的、职业的特殊教育机构也从个别事物变成了较普通的现象。学前以及中等以上的特殊教育机构已纷纷建立，特别是近15年来，已初步形成了一系列的，由早期干预到小学、中学以及高等教育的特殊教育机构。1994年全国义务教育阶段的特殊教育学校已达到 1 241 所（其中盲校 22 所、聋校 729 所，盲聋校 120 所，弱智学校 370 所）。针对或涉及特殊教育的法令也已颁布。特殊教育成为国家教育事业的法定组成部分。明确决定了"国务院教育行政部门主管全国的残疾人教育工作"。这些使特殊教育建立相应的机构体系已成为必要与可能。

由国家的法律以法令的形式规定一个社会中一类教育的机构体系，这件事本身就说明了这个问题的严肃性和强制性。《残疾人教育条例》中就是以法规形式规范了特殊教育机构体系。

中国现行的特殊教育机构体系从学生年龄的纵向来看，条例明确规定了与普通教育相适应的四个阶段：学前教育、义务教育、高中及职业教育、高等教育。从横向来看，又可分为三个方面：一是从培养方式看，分为特殊教育培养方式（特教学校、特教班）和普通教育培养方式（随班就读）；二是从残疾类型看，又分为聋校、盲校、智力落后等不同类型的学校；三是从机构归属来看，可以把整个机构体系的归属分为教育部门办、民政部门办、残联系统办和社会集体或民办等。

但主要的、多数的机构是由教育部门办的。

这个机构体系可用下图表示：

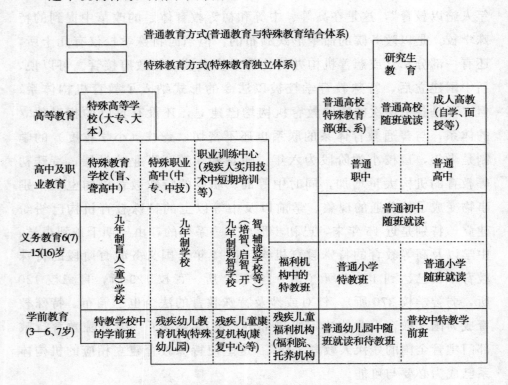

中国特殊教育机构体系图（1994年）

这个图的最下层是残疾儿童学前教育阶段。一般由3岁到6、7岁。主要实施保育、康复和教育相结合，担负促使残疾幼儿体智德美全面发展、补偿缺陷、准备进入小学的任务。共有五种类型机构：①专设的残疾幼儿教育机构。这里包括各种部门办的招收残疾幼儿的特殊幼儿园；②普通幼儿教育机构。这包括在普通幼儿园中设立的聋儿班、智力落后儿童班等，也包括招收少量聋、盲、智力落后幼儿的普通幼儿园。残疾幼儿有较多机会与时间和普通幼儿在一起活动、交往。③残疾幼儿福利机构。即儿童福利院，在此学习的多数是被遗弃的孤残幼儿。④残疾幼儿康复机构。这里包括由残疾人联合会或卫生部门领导的残疾幼儿康复中心、康复站等。⑤普通小学或特殊学校中的学前班。这类机构多为1年制，主要为入学做准备。在进入上述机构之前的1—3岁的残疾幼儿多由家庭、社区和卫生保健机构进行早期发现、早期诊断和必要的早期康复和训练。有关学前残疾幼儿教育机构对残疾幼儿父母或监护人进行必要咨询、培训和辅导。

义务教育阶段的各类机构主要面向学龄的残疾儿童和少年，一般从六、七岁开始，按照国家法令进行九年的义务教育。有的地区可依地方情况先实行初等义务教育，以后逐步提高义务教育年限。这类特殊教育机构纳入当地的义务教育系统，由国家和地方教育行政部门统一规划、统一领导、统一监督指导、统一检查。学校同样要执行国家的教育方针，按国家规定的专门课程计划和有特点的教材进行教学，完成国家规定的各级各类学校应完成的使学生全面发展的基础教育任务。对残疾学生既要完成与普通义务教育学校相同的一般教育教学任务，又要针对残疾儿童少年特点完成特殊的补偿缺陷的任务。这类机构的种类有盲、聋、智力落后（被冠以培智、启智、开智、辅读等名称）等特殊教育学校，也有福利机构或普通小学中的特殊教育班，还有普通小学或初中里的随班就读。

高中及职业教育阶段。这个阶段面向受过九年基础教育的残疾学生。任务是进一步提高文化科学知识和学习一门专业技术，使其技能达到专业等级水平。对大多数残疾青年，当前重点是发展初等和中等职业教育，以实用技术为主的中、短期培训。同时还对少数优秀的聋人和盲人以及肢残人开办专门的高中或在普通高中就读，使这些残疾青年的文化科学知识和素质进一步提高，准备平等地升入国家的高等学校。教育系统办的职业高中、职业学校、中专、中技、残联办的职业培训中心等都是这个阶段的教育机构。

高等教育是残疾人教育机构体系的最高层次。在大专和大学本科学历教育上有三种主要形式：一是专门为残疾青年举办的高等特殊教育院校、专业或班级。目前在吉林、天津、山东都有；二是通过高考进入普通高等学校，在适合残疾青年特点的专业接受教育，全国多数省市都有各类残疾青年在高校随班就读；三是成人教育，包括可以获得学历的业大、电大、函大教育和高校自学考试。当然，残疾青年取得了本科学历后可以有部分人进入研究生院继续深造，攻读硕士和博士学位。目前在这三种形式中学习的残疾青年超过千人。

经过职业教育或高等教育后的残疾青年可以走入社会就业，在其可发挥作用的地方为社会做出力所能及的贡献，平等地参与社会生活。

经过改革开放近20年来的努力工作，中国的特殊教育正在形成有自己特色的特殊教育机构体系。

作为中国各类教育中的一类——特殊教育的机构体系与普通教育的机构体系有诸多共同点，也有其不同点；作为整个世界特殊教育体系的一个组成部分，中国的特殊教育体系也与其他国家的特殊教育机构体系有着共同点和不同点。

1. 与中国普通教育机构体系比较

特殊教育体系与普通教育体系都是受中国的社会制度、发展的历史阶段、政治经济文化水平的制约，反映了共同的教育目的，义务教育的年限和教育阶段的层次划分也相同。教育的对象都是中国正在成长着的一代儿童少年和青年。但是由于特殊教育受教育对象的身心发展制约，除了有与普通教育同年龄对象共同的社会、生理、心理特点外，还因有各种残疾和各种程度而在其心理发展、认识活动和教育教学中表现出自己的特点。由于客观存在的这些群体和个体差异，以及我们对这些特点的认识和态度，所以在教育机构和体系上就出现了与普通教育既结合又相对独立的多种形式、多种渠道、多种层次的特殊教育机构体系。普通教育中的"六三三"或"五四三"等学制机构加上学前、高等教育的机构基本上构成了普教的体系，在这里没有特殊教育中的特教班、随班就读和民政、残联等多种系统机构。普通教育体系实施过程中因各种原因出现的残疾儿童少年或青年，在没有特殊教育体系时多为随班混读或辍学。有了特殊教育体系，这些中途致残的人可以继续受到适合其残疾特点的教育。根据中国的实际，普通教育系统中的特殊教育班和随班就读是残疾学生受教育的主要机构，残疾儿童少年和青年人的多数要用普通教育方式接受教育。相对独立的特教方式的机构既培养一部分残疾学生，又为整个特殊教育事业发展起骨干和中心作用，在特殊教育学校所在地区的特教中起到教研、科研、咨询、巡回辅导、师资培训、信息资料等方面的中心作用。两种教育体系既相统一，又有区别，相互依存，相互补充。这是通过多年实践和特殊教育发展而形成的有特色的特教体系。

2. 与国外的特殊教育机构体系比较

中国与各国的特殊教育机构服务的对象都是有各种残疾的儿童少年和青年，都有适合不同类型残疾人的专门机构或专门的班或"回归主流"的随班学习。当今世界上有一些国家没有法律明确规定的特殊教育机构体系或仅有小学水平的特殊教育学校；在另一些国家，此类机构的建立或解散由地方行政当局自行决定。在发达国家较明确指出特殊教育机构体系或称学校教育制度的国家大致有两种类型。一种是以美国为代表的"回归主流"的"倒瀑布体系"，即根据受教育对象的残疾程度来决定受教育环境的隔离程度。也就是残疾程度越轻，越要在最少受限制的环境中学习，与普通学生接触的机会越多；受教育者的残疾程度越重，受教育的环境限制越大，与普通学生共同活动的时间越少。根据这个原则而建立的教育机构有正常班、辅导班（又直译作资源班）、特殊教育班、特殊教育学校、寄宿制养护机构等。从幼儿到高等教育都是如此，由专门委员会鉴定该残疾人应到何种类型机构学习。不过，这个体系更多体现在义务教育阶段。另一种是以苏联（现俄罗斯）为代表、主要是专门的特殊教育机构体系。从幼儿的学前教育到高等教育对盲、聋等残疾人均有相对独立的体系，但也不排除某些与普通教育混合的形式。（参见本书第三章）

中国现行的特殊教育机构体系与上述两种类型的体系相比，有几个明显的特点：

（1）中国现行的特殊教育机构体系是由国家法令正式颁布规定的，是国家认可和必须执行的，而不是由学者提出或仅在某一局部地区施行的；

（2）明确提出了普通教育方式和特殊教育方式，并确定了两种教育方式的相互交叉、双向流动又各自独立的普通教育和特殊教育机构统一的结合体系。这是适合中国情况的一个突出特点。中国特殊教育机构体系妥善地处理了特教机构和普教机构的关系，二者没有互相排斥，而是综合发挥了二者的优势；既尊重了中国的传统经验，又符合了世界特教发展的总规律。两种体系既有统一，又各有特色；既注意了残疾儿童少年的社会性培养，又考虑了残疾儿童的个人特点和个性发展。

（3）多形式、多渠道、多层次的机构体系。这适合了中国是一个发展中国家的特点。目前，中国经济和文化发展水平不高，地域广大，地区差异大而发展不平衡。这也是中国特殊教育机构体系的一个特色。

各个国家有受本国各方面情况制约、适合本国情况的特殊教育机构体系，这些体系会随着国家的发展而变化。世界上没有一个万能的、适合于各个国家、各种情况的特殊教育体系，即使是最发达国家的特教体系也不是放之四海而皆适用的。但是，各个国家的体系又是有某些共同点，可以相互交流、相互学习和相互促进。我们不照搬任何一个外国的机构体系，也不想把中国的体系作为标准来评价其他国家体系或强加给其他国家。中国的残疾人教育法令和条例是为在中国这块土地上发展特殊教育事业和学科的武器与工具。

与中国普通教育机构比较说明了特殊教育机构体系的特色；与外国特殊教育体系比较说明了中国的特色。把上述两个方面结合起来就形成了中国特殊教育机构体系的特色。

（四）特殊教育的目标和课程

这里仅就义务教育阶段中国特殊教育学校的目标和课程来论述。

1. 关于特殊教育学校培养目标的发展

特殊教育学校根据周恩来总理 1951 年签署的《政务院关于改革学

制的决定》纳入了国民教育体系。在中央教育部成立了专门的处室管理特殊教育，不断对特殊教育学校的具体问题发出指示。但对于盲、聋学校的一个根本问题，即培养目标（或教育目的），到1957年4月25日在《中华人民共和国教育部办好盲童学校、聋哑学校的几点指示》中给"基本任务"做了如下规定："我国盲童学校、聋哑学校的基本任务是：培养盲童和聋哑儿童具有一定的文化科学知识，掌握一定的职业劳动技能，并具有共产主义的道德品质，使他们成为积极的、自觉的社会主义的建设者和保卫者。"这是在当时历史条件下提出的，对我国特殊教育走上正轨和发展起过积极的作用。从国家角度由政府文件第一次明确规定了特殊学校的培养目标和任务，既有与普通学校共同的内容（文化科学知识、共产主义道德品质等），又有对盲、聋学校的特殊内容（一定的职业劳动技能）。在这个规定的指导下，特殊教育学校培养了不少盲、聋毕业生，使他们参加了国家的社会主义建设。但是，这些规定的表述等方面有其历史的局限性。第一，受当时翻译过来的普通教育学的影响较大，"具有共产主义道德品质""自觉的社会主义的建设者和保卫者"的提法似乎对小学水平的特殊教育要求过高，不切实际；第二，针对盲、聋特殊性提出了目标和任务，但不够明确和突出。随着我国社会主义事业的前进，党和国家对教育方针和目的有了结合中国情况的明确表述，在总结各方面经验的基础上制定了高教六十条、中教五十条、小教四十条的工作条例。教育部在1962年制订了《全日制聋哑学校教学计划（草案）》和《全日制盲童学校教学计划（草案）》，在这些文件中结合中国的情况明确提出了这两类学校的任务是："必须在党的领导下，贯彻教育为无产阶级政治服务，教育与生产劳动相结合的方针，通过学校教育与训练，力求弥补聋哑儿童（盲童）的听觉（视觉）缺陷，使他们在德育、智育、体育几方面都得到发展，成为有社会主义觉悟的有文化的劳动者。"还为两类学校规定了德、智、体几方面的具体培养目标。特殊教育学校的培养目标（教育目的）的这个规定进一步明确体现了与普通教育的一致性（符合国家总的教育目的）和盲、聋教育的特点，既讲到了盲、聋儿童的全面发展，又讲到了结合盲、聋学生实际，补偿他们的缺陷。对于文化科学知识等的表达也更确切。这个计划（草案）奠定了我国特殊教育学校培养目标和任务中的一个基本思想。特殊教育学校的基本任务有两个方面：一个是一般的教育目标，与普通教育同样地完成思想教育、文化知识技能培养、身体发展的任务；另一个是盲、聋学校特殊的教育目标，补偿各类儿童缺陷及其带来后果的特殊任务。在此之后，中国社会经济和特殊教育不断发展，但这个基本思想仍然指导了以后的特殊教育目标的制订。1984 年 7 月 27 日教育部印发的《全日制八年制聋哑学校教学计划（征求意见稿）》中对培养目标的规定是："根据党的教育方针，针对聋哑学生生理、心理特点，采取各种有效措施，补偿聋哑学生的听觉缺陷，形成和发展他们的语言，使聋哑学生德、智、体全面发展，成为热爱祖国、热爱社会主义、热爱生活，有良好的道德品质，有初等文化程度和一定劳动技能、身心正常发展，适应社会生活的劳动者，并为他们继续接受各种形式的教育和自学打下基础。"1987 年 1 月 15 日国家教委印发的《全日制盲校小学教学计划（初稿）》中规定盲童学校的培养目标是："针对盲童生理缺陷，通过教育教学活动，采取各种补偿措施，使学生德、智、体、美、劳诸方面全面发展，为把他们培养成为有理想、有道德、有文化、有纪律的社会主义公民打下初步基础。"下面还规定了五个方面的具体目标。这是我国实行改革开放后规定的盲、聋学校的培养目标，也是 1949 年后第三次制订教育目标。这里不仅保持了全面发展和补偿缺陷的两个方面的内容，而且结合当时具体学制等实际情况对具体方面做了明确表述。1993 年 12 月 12 日国家教委印发了《全日制聋校课程计划（试行）》和《全日制盲校课程计划（试行）》。这里对全日制聋校规定的培养目标是："聋校要按照国家对义务教育的要求，对听力语言残疾学生实施全面发展的基础教育，补偿生理和心理缺陷，使他们在德、智、体诸方面生动、活泼、主动地得到发展，具有良好的思想道德品质、基本的文化知识、健康的体魄和一定的生活能力、社会交往能力，掌握初步劳动技能，为他们适应社会生活，成为社会主义的建设者和接班人奠定基础。"对全日制盲校的培养目标规定为："盲校小学和初中要按照国家对义务教育的要求，对视力残疾儿童、少年实施全面的基础教育，补偿视觉缺陷，使他们在德、智、体诸方面生动、活泼、主动地得到发展，具有良好的思想道德品质、基本的文化知识、健康的体质和一定的生活能力、社会交往能力及初步的劳动技能，为学生适应社会生活、继续获取知识、成为社会主义的建设者和接班人奠定基础。"两类学校的培养目标下面还根据社会需要和学生的情况对具体目标做了规定。1993年提出的培养目标继承了1962年明确的全面发展、补偿缺陷的基本指导思想，对两方面的培养目标做了更进一步的明确表述和规定，特别强调了这两类学校的基础义务教育的性质和总结了近15年特殊教育发展的国内外的经验，提出了为面向现代化、面向世界、面向未来需要的品质、知识和能力，结合中国实际，突出了生活能力、社会交往能力和劳动技能的培养。这必将更进一步推动特殊教育的改革和发展，成为特殊教育学校全体师生员工及各级特殊教育行政领导一切工作的出发点和归宿。

2. 关于特殊教育学校培养目标的特点

通过对我国三类残疾培养目标和四个课程（教学）计划中培养目标和任务的分析，以及与其他国家特殊教育目标的比较，可以看到我国特殊教育目标的两个特点：

第一个是在培养目标中把社会需要与个人发展相结合，这是与外国规定的一些培养目标的不同。我们没有抄袭"社会本位论"和"儿童本位论"的理论，而是用马克思主义的辩证唯物主义与历史唯物主义观点把社会需要与人的发展两个方面统一起来认识，把个体的发展放在一定的社会历史范围内去考察，从社会需要和人的发展两个方面并把社会需要放在首位来确定教育目的。我们没有片面强调其中一个方面或把二者绝对割裂开来或无主次等同对待。我们强调了特殊教育学校要为社会主义建设服务，培养的人应成为社会主义建设者和接班人，要适应社会的需要，这是很根本的一点。但我们又承认和注意了个人在社会需要内的全面发展。不过，这种发展不是离开社会需要的纯个人自然的、无任何限制的、绝对自由发展。仅强调社会需要不顾个人发展或仅强调个人发展而不考虑社会需要，或考虑了二者却没摆正二者关系都不是马克思主义的。当然，各个国家有各个国家的具体情况，哲学观点不同，社会制度不同，规定的培养目标也就不相同。不过在培养目标中的某些具体任务或提法又因教育对象都是残疾儿童、少年而有某些相同点（如社会适应等）。在这些相同点中又在具体内涵、实施途径、指导思想等方面包含着不同。

第二个是共同（普遍）目标和特殊目标的结合。这是特殊教育与普通教育培养目标上的不同。我们没有把特殊教育与普通教育因为要统一规划、统一领导、统一检查而完全等同起来，也没有把二者绝对割裂开来。任何一类特殊教育学校都是我们整个教育事业的一个组成部分。部分离不开整体。对整个教育体系规定的培养目标，其中的任何一类学校都应予以实施，也就是说，培养全面发展的社会主义建设者和接班人的目标是各级各类学校普遍的、共同的培养目标。否定这个目标也就否定了它是中国整个教育事业的组成部分，特殊教育学校就失去了存在的前提条件。不以这个目标作为根本指导，特殊教育学校的其他任务就失去了依据和方向。但是，各级各类学校又因有不同教育对象和任务而有所区别。盲、聋学校是对视觉或听觉有障碍儿童、少年实施九年制基础义务教育的学校，智力落后学校是对智力落后儿童实施平等义务教育的学校。因此要有根据教育对象特点和学校性质来确定的特殊目标，这也就是要补偿残疾儿童的缺陷，使其在教育教学过程中得到最大限度的康复。两个方面的目标对特殊教育学校缺一不可，二者相辅相成。失去了普遍目标就失去了方向和根本目的；失去了特殊目标就难以完成共同的目标，失去了特殊学校的特殊性质。这是我们自己经验的总结，也是国外特殊教育成功经验的共同规律。

只有把二者分清主次地统一起来才是一个完整的、正确的、适合中国国情的特殊教育学的教育目标。

各类特殊教育的课程是由中央教育主管部门在颁发的课程计划（原来叫做教学计划）中规定的。1994年国家教委根据国务院颁布的新工时制对各类特殊学校的课程计划的课时做了调整，但基本课程没有改变。除中度弱智学生的课程与普通小学有较大差异外，聋、盲和轻度智力落后学生的小学课程基本类似，思想品德、语文、数学、自然（常识）、社会（常识）、体育、美工是与普通学校共同的，也是三类学校基本相同的。不同的是聋校设有律动，没有音乐；盲校设有音乐、定向行走、认识初步和生活指导，智力落后学校把自然和社会合并为一门常识，并从一年级开始设课，不单设思想品德课，音乐课在低年级为唱游。各门课的课时因残疾种类不同并且随年级而有改变。例如，聋校的语文一、二、三年级每周12节，盲校、智力落后学校仅为8节。这是因为聋生言语形成和发展晚并且困难，语文的课时就要多些。劳动技能（或劳动技术）是特殊学校从低年级就有的课，这既是补偿缺陷的需要，又为将来劳动及早打下基础。在义务教育阶段的一般课程和特殊课程共同开设并相互结合。到了中学以后的阶段，盲、聋校的特殊课程就逐渐减少并逐渐使有能力深造的盲、聋生可与普通学生一起学习。智力落后学生目前没有义务教育以后的课程。中度智力落后学生更多是实际应用的综合性课程，而不以系统文化知识为主，如"实用语算""生活适应"等。这是与普通小学不同的课程。

（五）特殊教育学科理论问题的研究

中国自己的特殊教育研究也开始起步。上世纪80年代北京师范大学特殊教育研究中心、中央教育科学研究所和一些高校的特教研究机构、全国及各省群众性的特殊教育研究组织相继成立。主要进行了提高教学质量、教学改革的应用研究，如聋校口语教学、盲聋校的分类教学、劳动职业教育、聋儿康复、特殊教育学校计算机的应用、各科教材教法等。同时也对中国特殊教育的理论基础、中国式的特殊教育发展途径、有中国特色的特殊教育学科的建立和发展等问题进行了探讨。从 50 年代特殊教育基本没有参考书到八九十年代全国众多出版社出版了几十本编、译、著的特殊教育方面的参考书或专著，多学科（教育、心理、社会、医学、体育、语言等多方面）专家共同参与探讨了特殊教育的多方面问题。公开和内部发行的特殊教育杂志及相关杂志近 10 种。在众多国际特殊教育的会上有中国专家被邀作报告和在北京召开过几次双边或国际的特殊教育研讨会。

中国的学者在探讨中国特殊教育不同于西方的理论基础问题。中国的特殊教育有两个方面的理论基础：一个是与中国教育相同的哲学世界观和方法论，是马克思主义基本理论和唯物辩证法指导下的理论。这就是马克思主义的教育论和人的全面发展学说，是与中国实际相结合的教育理论；另一个是与普通教育不同的，是与特殊教育相关的基础理论，如普通教育学、心理学、社会学、医学等方面的理论，以及关于正确认识和对待残疾及残疾人的理论，关于缺陷补偿的理论，关于人的潜能和神经过程可塑性的理论，等等。

中国的学者认为，应该对残疾儿童有如下几个基本观点：①残疾儿童与普通儿童有基本的共性，同时又有其特殊性。残疾儿童不管其残疾种类和残疾程度，首先他们是社会上生活的人、是正在成长着的儿童。他们像所有儿童一样有社会性，有共同的生理、心理发展的基本规律和教育规律。这些共性是他们的本质，是正确认识、研究和教育他们的基础。但由于他们的残疾，在他们的生理、心理发展和教育上又有其特殊性。要把共性和特殊性紧密和恰当地结合起来，过分强调或忽略任一方面都会造成教育中的失误，让残疾儿童完全隔离，或不分青红皂白全都"回归主流"就是过分强调了一个方面，把一个方面当成了全部特点的失误。正确认识了共性，才是把残疾儿童融合到普通教育中去的理论基础。②对残疾儿童的特殊性要具体分析。不能把残疾儿童众多方面表现出的各种特点并列同等看待。事实上，在诸多特殊性中可以找出原因（第一性缺陷）、结果（第二性缺陷）和再引出的其他问题；还可以分析出主要的、起关键作用的矛盾和矛盾方面，抓住这点就可以使对残疾儿童的教育更有成效；对残疾带来的影响不仅要注意到负面、消极的方面，还要注意到其正面、积极的方面，这才可以取长补短。③要以发展的观点看残疾，认识功能损害补偿和康复的可能性。生理、心理学的研究都表明，人的机体是一个完整的统一体，各部分是相互联系、综合起作用的。而且现代科学技术创造的一些仪器可以帮助机体的功能。更重要的是人是有主观能动性的，人的自觉性、意识和意志是可以帮助残疾人向好的方向转化。④教育环境和后天环境在残疾儿童的发展中起重要的作用。这是良好的外界条件帮助残疾人把潜在的发展的可能性变成现实性。

在一些国家较普遍解散或取消特殊学校时，中国专家总结和研究了特殊教育学校的产生过程和历史作用，同时分析了在中国市场经济变化条件下，中国式特殊教育发展途径中特殊教育学校的中心骨干作用。

历史上，中国的特殊教育学校在培养残疾儿童成才、发展能力、平等进入社会上做出了巨大的工作。在新的条件下原有的作用应继续增强和扩大。一所特殊教育学校在发展本地区（省、地、县）的中心作用可以综合为以下几点：

1. 培养、教育残疾儿童的中心和示范点

特殊教育学校作为我们国家整个教育体系的一级一类学校，其首先和根本的任务就是培养残疾儿童，使其全面发展，补偿缺陷，准备平等进入社会，参与社会生活和劳动。在新的条件下，基本目标不应改变，但要更注意把社会对儿童的要求和儿童个人的发展紧密结合起来，不能偏重任何一个方面。要克服过去实现培养目标中出现过的偏向，或者仅强调或过分强调社会需要不考虑或很少考虑残疾儿童个性特点；或仅强调或过分强调补偿某种个人缺陷而忽视社会需要。在新形势下培养的残疾儿童也应能适应市场经济的需要、有实际本领和社会适应能力。按规定招收的残疾学生应按国家的计划和要求并结合地方特色和学生情况受到相应的教育。一个地区的特殊教育学校应是该

地区特殊教育的窗口，是该地区教育事业文明发展的一个标准，要对其他形式的特殊教育机构起到示范作用。

2. 师资培训（或进修）中心

中国特殊教育师资培训体系正在形成，已有 5 所国家委属师范大学和 34 所中等特师，有了正规的特教师资培训。每年招收 3 或 4 年制的学生进行培养，此外还担任一些短期培训任务。这是一条正规的、周期较长的培训。但中国的地域广大，发展不平衡，在需要办特教班和随班就读的地方，急需的师资到省（市）参加周期长的正规培训有一定困难。目前中国大致平均两个县才有一所特殊教育学校，也就是差不多一百万人口的地区才有一所特殊教育学校。一百万人口在世界上已是一个不算少的国家人口了。中国一个特殊教育学校仅有十几位或二三十位教师，教育一百个左右的学生。根据 1987 年残疾人抽样调查 0—14 岁残疾儿童占同龄儿童总数的 2.66%，占总人口的 0.78%（农村地区达到0.89%）。也就是说，百万人口中平均有残疾儿童 7 800 人。这远不是一个特殊学校所能容纳的，也不是一个学校二三十位教师所能担负得了的。残疾儿童相对集中的地方设立的特教班和分散的随班就读的残疾儿童所需要的能进行特殊教育的教师应由当地的特殊教育学校就地随时培养，在工作中不断提高。这样的培训就近、节约、实用、及时，是一种非正规学历的、在不发达地方的培训形式，具有正规培训所没有的优势，与正规特殊教育师范是相辅相成的，适合中国的具体情况。但也有其不足。特殊教育学校培训师资在中国早有历史传统，中国特教发展的前八九十年的师资大多是在特殊学校培训出来的，这种形式在新时期同样可起到其积极作用。

3. 教研中心

在一个几十万人口的地区普及了特殊教育后，其三种特殊教育形式的格局一般为：一所特殊教育学校、人口较集中的集镇学校内有几个特殊教育班、众多的分散村子内各有一二个或三四个随班就读的残疾学生。为了搞好教育教学工作，同年级或同学科的老师经常进行教学研究已经成为中国学校的良好传统。教残疾学生的老师虽然经过不同形式的培训，可以进行教育教学工作，但这种经常性的教研就难以同一位特教班或随班就读的老师来进行集体的教研。与普遍教育相同的研究当然可以在原普通学校内进行，特殊教育方面的集体教研的领导就应该由该地区特教网络的中心特教学校担负起来，定期、不定期、专题的教材教法与教学困难等问题的教研可以与普通教育的教研穿插、协调地进行。可以集中到特殊学校，也可以邻近的几个特教班或随班就读点组成小组在中心的领导下按计划进行教研。

4. 咨询、辅导中心

残疾儿童的发现和确诊是进行教育的前提。而分散的广大农村地区难于在能力、水平和物质条件上担负起此项工作。特殊教育学校一般应能担负起此项工作。特殊教育学校可以对前来咨询的家长、老师及残疾儿童提供诊断上的意见、教育安置以及训练、康复、方法和内容上的建议，也可以对需设和已设特殊教育班或随班就读点的行政领导、老师、学生在管理、教学上提供咨询。特殊教育学校应有专人或兼职人员定期或不定期下到特殊教育班或随班就读点对老师、学生以及家长进行教育训练的指导和帮助。这种咨询和辅导对完善当地特殊教育体系、促进特殊教育发展、改革教学和提高质量是极为重要的。

5. 科研中心

新时期现代化的特殊教育的特点之一是教育教学工作从经验型逐渐提高到科研型，把教学工作后总结体会逐渐转到有目的有计划地探讨规律。这是改革和发展特殊教育、提高质量的必需，也是培养提高教师队伍的途径。在一个地区有专业的科研队伍或机构，但处在第一线工作的实践工作者（领导或教师）参加科研有其方便、就近、每日可以观察和实验、每日可以发现并解决问题等有利的一面。这是专业科研工作者所不具备的。特殊教育学校本身应该搞科研，更应该组织和带领所在地区的特殊班和随班就读的特殊教育老师搞科研工作。当然，科研的层次不同，不过作用是相同的。特殊教育学校的科研同样可以带动教改，提高教育质量，对中国自己的特殊教育学校的建设和发展做出自己的贡献。特殊教育学校的教师应该懂教育科研和会进行教育科研，并能与特教班和随班就读的老师一起搞科研和指导、帮助他们，在地方的特殊教育科研中起骨干、带头作用。

6. 信息资料中心

在社会快速发展变化的时期，信息是十分重要的。掌握住各方面，特别是各地特殊教育发展的动态就可争取到发展的时间，少走弯路，提高自己的效率。作为特殊教育的中心学校对普教、特教事业发展，教育教学新方法、科研新成果、学科新发展等都应及时了解和掌握。这样既可促进自己的学校工作，又可找到科研的新课题，更可以帮助和辅导特教网络内的特教班和随班就读的老师。在经济、人力等条件上，一个特教班或一位老师较全面搜集和保存特殊教育的资料是困难的，一个地区的特殊教育学校应该也可能担负起这个任务。可以利用学校的原有图书资料室和人员，搜集、整理和保管普通和特殊教育的图书、报刊、各种音像资料，以及现代化的多媒体信息，还可以随科技发展与条件成熟而与国际信息资料库联网，使一个地区的特殊学校及时了解国际的信息和动态。这些资料信息的服务对象不仅是老师，还可以是面向教育部门的领导、家长甚至是特殊学生。这种作用从当地实际情况出发，因陋就简，从当前可以搜集到的资料开始，逐步发展。

7. 职业劳动教育中心

国家规定的九年义务教育阶段是基础教育，不包括职业教育。但是，特殊教育学校根据需要在适当阶段可对残疾学生进行劳动技能教育。

职业教育，特别是由于特殊教育学校的物质条件和师资条件可以成为特殊教育班和随班就读残疾学生义务教育后的职业培训中心，能够帮助国家和社会解决义务教育后的多数残疾学生的出路问题，使地区的特殊教育体系更加完善。特殊教育学校可对各种形式教育出的残疾青年学生进行职业能力测定、职业培养和训练以及就业指导和就业后的追踪辅导。当然这个工作要与当地的民政、残联等有关部门协同进行。

在一个地区，一个特殊教育学校在新形势下需要跳出仅是教育培养来校就学的残疾学生这个单一任务是肯定的。要担负起更多的任务和起更大的作用就应该在本地区的特殊教育事业的发展中起到带头和中心作用。但是，一个学校在本地区重点起哪方面或哪几个方面的作用或是首先起哪方面的作用、与其他部门如何分工协作等均要依据当地的具体情况来决定。除了以上七个方面的作用外，有的地方还可以起残疾人专用物品供应中心作用，家庭、社区服务指导中心作用等。一个特殊教育学校在不同时期起的作用的重点可以有所变化，以适应整个社会和当地形势的发展。

（六）特殊教育的师资培养

在中国特殊教育发展的历史上，师资多是从实践中摸索或"师傅带徒弟"的方法培养的。在烟台、南通、长沙等地的特殊学校有过师范部、师资讲习所等形式，也培训过一些教师，但都是短期存在，规模也不大。1949年以后，中央教育部专门机构主管了特殊教育后，曾在1959年联合有关组织举办过盲校体育教师训练班，有40人参加了1个月的培训，建立了聋哑教育师资讲习所，第一期举办了6个月。到1980年教育部长蒋南翔提出建立第一所特殊教育师范学校，经部务会决定为中师性质。学制4年，每年招收4个班，每班30—40人。随后在黑龙江肇东师范招了特教师资班，1985年南京特殊教育师范学校正式向全国招生。随后山东、辽宁等地也都纷纷建立了中等特殊教育师范学校，并得到了联合国儿童基金会的资助。1986年北京师范大学教育系开设了中国大陆高校的第一个特殊教育专业，招收了第一批本科生，同时也培养了特殊教育研究生。1988年在上海华东师大，以后在武汉、重庆、西安的几所国家教委直属师大也建立了特教专业。现已有33所中等特殊教育师范学校（中心或部），有7所大学有本科或专科的特教专业，有2所大学有特殊教育硕士点。80年代以来，在国家"发展特教、师资先行"的方针下，初步形成了一个职前和职后教育相结合的特殊教师师范体系：

特殊师范教育体系
- 职前教育
  - 特教专业
    - 师范大学特殊教育专业
    - 特殊教育师范学校
    - 普通中师附设特殊师范部（班）
    - 特殊学校附设特殊师范班
  - 其他渠道——普通中等师范学校开设特教课程
- 职后教育
  - 进修机构
    - 特殊教育师资培训中心
    - 特殊师范学校师资培训部
    - 特殊学校附设师资培训部
  - 其他渠道
    - 各种形式、层次的短期师资提高班
    - 以老带新，实践中培养
    - 函授、广播、电视教育等

我国特殊师范教育发展的总体目标是：适应特殊教育发展的需要，逐步建立符合中国国情的特殊教育师资培养、培训体系，建设一支数量足够、质量合格、学科配套、相对稳定的特殊教育师资队伍。

目前中国对特殊教育师资的规格要求是：从事初等特殊教育的师资应具有中等特殊师范学校的毕业程度；从事中等特殊师范教育和中等特殊教育的师资应具有大学本科毕业程度。根据这一规格要求，我国现阶段各级特殊师范教育机构分为高等和中等两种层次，其具体培养规格如下：

特殊师范教育培养规格
- 高等师范
  - 师范大学特殊教育专业（招收高中毕业生，学制四年）
    - 中等特殊师范学校教师
    - 特殊学校中学阶段教师
- 中等师范
  - 中等特殊师范学校（招收初中毕业生，学制三或四年）
  - 中等师范附设特殊师范部（班）（招收初中毕业生，学制三或四年）
    - 特殊学校小学阶段教师
- 中等师范学校（招收初中毕业生，学制三年或四年）
  - 随班就读教师

随着我国教师队伍整体水平的提高，教师任职资格也会发生变化。正在进行的是把中等特殊教育师范学校的水平逐步提高到大专层次，并为将来由大学本科毕业水平的人任特教老师的目标做准备。

高等师范院校特殊教育专业主要培养中等特殊教育师范学校（班）、普通中等师范学校的特殊教育专业课师资，以及特殊教育科研人员、行政管理人员和社会工作者。

中等特殊教育师范的基本任务是：（1）培养数量足够、质量合格的新师资。根据我国以一定数量的特殊学校为骨干，以大量特殊教育班和随班就读为主体的特殊教育格局，要求：①培养数量足够的合格的特殊学校（班）新教师，以充实现有特殊学校（班）和满足新建特殊学校的需要。②普通中等师范学校增设特殊教育基础课程，高等师范院校增设特殊教育选修课，使师范院校学生毕业后能初步适应对随班就读的残疾少年儿童进行教育的需要。这些教师除了达到一般中师毕业生的要求外，还应该了解和愿意从事特殊教育、尊重和热爱残疾儿童、会用残疾儿童理解的手段（盲文、手语等）与他们交往。（2）培训在职的特殊教育学校（班）教师。目前从事特殊教育工作的教师中，一部分人没有受过特殊教育的专业培训，缺乏系统的特殊教育专业理论知识，有的甚至未达到国家规定的学历标准，需要继续培训和提高。根据这一情况，要求：①对特殊教育教师进行补偿教育，即对部分未达到国家规定学历标准的教师进行培训，使之取得合格学历；对于未经特殊教育专业培训的教师进行专业培训，使其胜任特殊学校的教育、教学工作。②对特殊教育教师进行继续教育，包括：对新教师在试用期进行培训；对教师进行职务培训，使教师胜任现任职务的教育教学工作或使其达到晋升高一级职务的资格；对骨干教师、教育行政人员进行培训，培养学科带头人与教育专家和管理人员。

两个层次的特殊教育师范学校的课程均有该层次师范学校公共必修课和教育专业必修课。高等师范院校特殊教育专业有较广泛的专业基础课（如视、听、神经病的医学和病理基础、言语障碍矫正、康复基础等），还有专业课（各类特殊儿童的心理与教育、特殊教育史、盲文、手语、特殊儿童测量和评估、早期干预、特殊学校教材教法等）。中等特殊师范学校分盲、聋、智力落后三个专业，学习本专业特殊教育需要的特殊心理学、特殊教育学、手语或盲文、本类特殊学校的教材教法等。两种层次的特殊师范教育都十分重视实习和实践活动，经常有见习和在特殊学校较长时间（4—6周）的实习。教师还要有社会调查、年级论文和毕业论文。国家教委师范司在20世纪80年代末和90年代初分别发布了关于高等师范院校特殊教育专业教学计划（草案）和中等特殊教育师范学校的教学计划，并已开始组织编写特殊教育师范的教材。1991年国家教委师范司委托北京师范大学特殊教育研究中心编写的第一本中等特师教学用书《特殊教育概论》正式出版。

三、面向 21 世纪的中国特殊教育

（一）走向 2000 年

国务院同意并批转的《中国残疾人事业"九五"计划纲要（1996—2000年）》，根据国家在本世纪内基本消除贫困现象、人民生活达到小康水平的要求和我国残疾人事业的实际，明确了到 2000 年期间的总目标及指导原则，规定了康复、教育、就业、缩减贫困、盲人按摩、文化、法制建设等方面的具体任务，提出了具体措施和相应的配套实施方案。其主要任务指标是：

残疾儿童少年可以接受普通教育的入学率达到与当地其他少年儿童同等水平，使残疾儿童与其他儿童同步实施义务教育。

到 2000 年视力、听力、言语和智力残疾儿童少年的入学率由全国平均的 60%分别达到 80%左右，并依各类地区实现基本普及九年义务教育的先后达到如下指标：①1996 年底前基本普及九年义务教育的地区，上述三类残疾儿童少年入学率分别达到 90%以上；②1998 年底前基本普及九年义务教育的地区，三类残疾儿童少年入学率分别达到80％左右；③2000年底前基本普及九年义务教育的地区，三类残疾儿童少年入学率分别达到65％左右；④2000年底前普及小学五、六年级的地区，三类残疾儿童少年入学率分别达到60％左右；普及小学三、四年级的地区达到50％左右。这个指标照顾到了中国特殊教育发展不平衡和还有1 800万残疾人没有脱贫（全国有6 500万尚未解决温饱的人口）的实际，要使社会和普通教育普及的同时，使盲、聋、智力落后的教育都相应得到发展。不能以其中某一类的发展来代替另一类残疾儿童教育的发展。这是中国自己经验的总结，也是中国考虑到各地差别的同步发展的宏观指导方式。对于较发达的地区的特殊教育应在师资学历、教育教学、学校管理、校舍和仪器设备建设方面逐步达到国家规定的要求，认真开展劳动技能教育和职业教育，使残疾幼儿教育有较大发展，有重点地建设一批省级特殊教育规范化学校，对综合残疾、孤独症等残疾儿童的教育在试点基础上逐步扩大规模，注意推行盲和低视力、聋和重听、轻度智力落后和中度智力落后的分类教学。要按国家的课程计划开齐课程、上足课时、开展活动，要注重对学生的功能补偿和能力培养，开展康复训练活动。要达到国家对发展特殊教育的质量要求。

在7岁以前的聋儿康复、社区康复训练、智力残疾的预防与幼儿训练、残疾人职业教育、汉语双拼盲文推广等方面都有具体规定和措施。如要求到2000年对6万名聋儿进行听力语言训练，其中在家训练2万名。在进行义务教育检查评估时必须考核有关规定中的残疾儿童少年入学率验收指标；普遍开展随班就读，乡（镇）设特教班，30万以上人口、残疾儿童少年较多的县设立特殊教育中心校，基本形成以随班就读和特教班为主体，以特殊教育学校为骨干的残疾儿童少年义务教育的新格局。还对积极开展学前教育、加强管理、制定和颁发有关规定和标准、加强师资队伍建设，在师资培养和培训、实行资格制度、改善教师待遇以及经费保障上有一系列规定。

到 20 世纪结束时中国的特殊教育学校仅有 126 年的历史，而较大规模的发展仅有近半个世纪的历史。如果说，中国在进入 20 世纪时的特殊教育仅是极个别的现象，没有一个公立的特殊教育学校，仅处在刚刚发生的阶段；那么到 20 世纪结束时，中国的特殊教育机构已在全国各地普遍建立，并且为办好世界上最大的特殊教育在法律、方针、政策、体系、方法、师资、管理、研究等方面打下了基础，可以与世界各国一起进入新世纪，为全世界残疾儿童的教育做出中国人的贡献。

（二）21 世纪中国特殊教育的趋势

中国是世界大家庭的一员，由于其历史悠久、人口众多和迅速而稳步的发展使其在新的世纪中会占有更重要的地位和在世界进步中会发挥着更大的作用。本书第五章中论述的发展中的问题和趋势也与中国特殊教育在新世纪的发展密切相关。特殊教育发展的不平衡、落后于普通教育、学科体系未形成等问题在中国也一样存在；特教对象将继续存在，法律体系将更加完善，安置形式多样化、个性化、社会化以及学前、职教的加强等趋势在中国也将会出现。但是，中国的经济基础薄弱，残疾儿童少年的绝对数量占世界第一，且多在广大农村。这些具体国情使中国的未来发展趋势不仅有与世界各国共同的方向，也会有自己的特色。

根据 1987 年残疾人抽样调查中数字与比例的推算和近 20 年特殊教育的实际发展，可以推算出在 21 世纪初中国需要特殊教育的学龄和学前儿童少年约有 500—750 万人。有关资料表明，中国每年新生婴儿中约有 30 万例为各种残疾；每年新生聋儿约为 3 万人；残疾儿童与同龄儿童的比例约为 2.6%；中国 1996 年小学生和初中学生的人数约为 18 962 万。如果到 21 世纪中国的发展使残疾儿童占同龄儿童的比例下降到 2%，那么 15 亿人口时的少年儿童如果占 1/4，就会有 3.75 亿。2% 则为 750 万人。这个人数是一个较小国家的全部人口。因此，这个事业必将更加受到重视，会有更多关注和投入，会使所有类型的残疾儿童都能真正享有平等的受教育权。

1. 中国式的特殊教育体系将进一步形成、完善和发展

有中国社会主义特色的特殊教育的发展道路和机构体系在改革开放以来已逐步明确和开始形成。前百年的特殊教育发展主要是建立进行小学教育的盲、聋学校，近十年来才增加并发展了智力落后儿童等教育，在教育层次上出现了学前特殊教育机构，中等和技术职业特殊教育学校和大专层次的特殊教育，也提出了普及特殊义务教育的问题并制定了相应的法律。虽然欧洲在 19 世纪末已经有了由国家制定的特殊教育的法令，但真正的普及特殊教育在发达国家还是 20 世纪中期以后的事，美国关于残疾儿童受义务教育的法令也只是 1975 年在第 94 届国会上才通过，至今也未能达到全部残疾儿童都入学的要求，其各层次的特殊教育机构在 19 世纪中期已存在，但形成适合其情况的特殊教育体系也是 20 世纪 60 年代的事。

在 21 世纪我国普及初等特殊义务教育的任务将完成，普及特殊教育的层次将随整个教育事业的发展而提高，各类残疾人将依其可能性受到九年的义务教育和更高一级的职业技术教育；学前教育机构和中等以上职业特殊教育将大为发展，将更早地发现残疾儿童和进行早期教育与训练。除智力落后儿童的智力发展限制其升入高等学校外，其他残疾人的大学生、研究生将不是罕见的现象。残疾人在受教育过程中将大大提高适应社会的能力，而社会也将提供更多的学习、生活和劳动的条件，以便更好地适应残疾人。双向的适应将是这个世纪的重要特点。根据中国经济不够发达、需受特殊教育残疾儿童人数多（约650 万）和各地发展不平衡、特教基础弱（到 1990 年入特殊学校的仅有 8 万多学生，学校 800 多所；尚有更多的儿童在普通学校内，受着较少考虑其特殊需要的教育）等情况而制定的特殊教育的发展格局将完全形成，即：改变只办特殊学校的单一模式，实行多种形式办学，"逐步形成以一定数量的特殊教育学校为骨干、以大量特教班和随班就读为主体的残疾少年儿童教育格局"。这个格局必将进一步发展，适合中国地域广大、民族众多的情况，使残疾儿童能真正享受到平等地就近入学的权利，使其潜在才能得到充分发挥，使其个性得到更好地形成。这个格局的进一步完善必然还会对其他发展中国家的特殊教育发展有重要的参考价值。受教育的残疾人可以更好地在社会中做出自己的贡献，平等地参与社会生活，与社会其他成员一起创造更美好的明天。

在特殊教育中新的科学技术手段将得到更大范围的普及和充分使用，助听器具、助视设备、假肢以及电脑等会在更多学校中使用，社会经济发展带来的新科技成果会更多地用在中国特殊教育上，一些更新的帮助聋人听声音，帮助盲人和低视力人看书写字、看图形的工具，帮助各种残疾人使用的电子技术产品会比现在更多、更普及，这些将使残疾人有更好的条件平等地参加社会生活和进行学习。

特殊教育的师资培训体系也会更进一步发展。一方面是特殊教育教师的文化知识层次将进一步提高，也就是说从现有的中专水平毕业生逐步提到大专层次，而且在校的所有教养人员也应受到职前的相应专业教育；另一方面是特殊教育教师的专业技能面会更广，也就是说特殊学校教师不仅会教普通学生，也还要懂得较广泛的特殊教育，并有教不同类型残疾儿童的基本技能。这是未来的特殊教育办学形式和各种类型、各种程度的残疾儿童都要入学的社会需要所决定的，不这样就难以满足特殊教育的需要。培养未来特殊学校教师的学校应该男女兼收，不应使教师女性化的国际趋势影响到特殊教育。

这个有中国特色的特殊教育体系的形成和发展是总结自己民族的经验和借他山之石相结合的结果，是中国人自己努力的结果。二次世界大战后特殊教育在很多国家较快得到了普及，产生了一些新的特殊教育形式和观点，如"正常化""融合（一体化）""回归主流""包容教育（全纳教育）"等。从中国的历史上看：一方面我们吃够了"闭关自守",使社会不能与世界交往、不能与世界一起发展进步的亏；另一方面，我们也吃够了"全盘西化""全盘苏化"的苦头。"闭关自守"不行，照抄外国也不行。借他山之石可以攻玉。学习外国先进的、适合中国国情的东西可以使我们进步更快，使我们少走弯路。外国进步的经验也是人类的共同财富，我们不能也无权拒绝这种财富，不能回到封闭的状态。但是，对外国的东西，一是要了解清楚，不可道听途说、浮光掠影、一知半解；二是要仔细思考，结合中国国情予以消化。了解了外国东西的实质，取其体现了特殊教育共性规律的东西，再在中国的实践中验证、运用、发展和创造。没有任何一个外国国家可以为解决中国几百万残疾儿童教育准备好现成的"药方"。这个"药方"要生长和工作在中国土地上的中华儿女用自己的辛勤劳动去探索和"开出"。"正常化""回归主流"等思想是不同国家和学者根据自己国家或地区的情况提出的观点，因而导致了办学形式的某些变化。这里有体现了特殊教育共同规律性的东西，其实质是让残疾儿童有平等的、接受根据其特性进行的教育的权利，使其能够社会化，在社会上成为充分参与和平等的人。这个根本观点对我们有启发，可以在中国的实践中运用。但具体形式要根据具体情况决定。发达国家的文化传统、教育体系、办学条件、师资水平、经费等与中国不同，而一个发达国家的各个地区也不完全一致。适合发达国家或其中一个地区的某种具体形式不一定在中国普遍适用。每个国家、每个民族不分大小，都有他自己的特色，有自己的历史传统和文化，有其在世界上存在的价值。在科技发达、人类交往增多、世界变"小"的今天，各方面国际化的趋势在增强，但这并不抹煞各自的民族性。中国特殊教育体系在强调自己特色时，也在发展着国际性。事实上，各个国家特殊教育中的差异性才是国际交流和探讨的重要方面之一。有了差异才可以互相补充，互相促进，使国际上的特殊教育更全面地发展。如果我们在新世纪中仅是重复别国早已有过、做过的东西，不探讨自己的规律，没有自己的创造，那也就失去了在信息极为发达的未来社会中平等交流的资格。中国式的特殊教育体系的进一步形成和发展就是我们取得了这种资格，是我们在解决世界上人数最多的残疾儿童教育问题上对世界的贡献。

2. 有中国特色的特殊教育学科体系逐步形成

随着教育学科和心理学科作为一门科学的形成，特殊教育和心理的学科也逐渐形成，经历了综合的医疗教育学、各类特殊教育学和特殊心理学、特殊教材教法、综合的教育康复等发展阶段，当前国外有的学者认为特殊教育和心理不是一个学科。

中国的特殊教育事业发展已有不短的历史，但真正的科学研究工作，不管是基础理论研究还是实际问题的探讨均很薄弱。近年来，引进了一些国外的论著，开展了一些自己的研究工作。特殊儿童教育学和特殊儿童心理学作为教育学和心理学的一个分支学科有其相对的独立性，有其研究的对象和自己的发展规律，普通的教育学科体系是不能代替教育学科体系的。

我国现在已开展的特殊教育研究已经表明，特殊教育（包括特殊心理）学科是一门边缘、交叉的学科，它与教育学、心理学、医学、哲学、社会学等有着密切的联系。特殊教育学科有其存在的价值和意义。

每一种事业的发展有其自身的规律，探讨这种规律的学科的建立可以更好地指导这个事业的发展。特殊教育是一种客观的存在，是整个教育事业的一个组成部分，探索这个客观存在的发展规律是完全必要和不容置疑的。

中国特殊教育学科有与各国已形成的特殊教育学科相似的方面，例如，共同的研究对象（有特殊教育需要的儿童）、共同的研究方法（实验法、调查法等）、在生理病理相同基础上的一致或近似的认识活动或个性发展特点、多学科的协作研究等。

但是，在下个世纪要形成的中国特殊教育学科也会有中国自己的特色：

（1）以马克思主义的辩证唯物主义作为根本的哲学思想来认识特殊教育。唯物的思想，辩证的方法可以使人们客观、准确地了解世界及其发展。在已有特教学科体系的国家中使用的不是这种哲学思想或者是不彻底地使用了这种思想。我们将研究他们的学科体系，吸取其精华，去掉不符合辩证唯物主义的东西，建立中国自己的特殊教育学科体系。中国现有的一些在马克思主义指导下的特殊教育研究成果得到了外国同行的好评；

（2）研究的教育对象大多分散在农村，人数众多，这些地区经济、文化不够发达。这是发达经济的国家所没有遇到过的问题。解决这样问题的规律只有在我们自己国家才可以探索到；

（3）中国是个多民族国家，各个民族的发展不平衡。从残疾人抽样调查统计来看，残疾人占总人数的 4.9%。民族的特殊教育在一些发达国家是没有解决或解决不好的。中国 56 个民族在社会主义国家中解决特殊教育的问题，探索多民族国家的特殊教育发展规律也是中国的特色或者说是历史赋予我们的责任。解决这个问题也是对世界特殊教育的贡献。

在中国这样一个传统文化悠久的国家，特殊教育学科的建立应继承古今中外一切优秀的东西，从中国的实际出发，研究中国自己的规律。在这些规律中必然包含着世界共性的内容。

21 世纪中国特殊教育应比现在更多地走向世界，去介绍在中国的事业发展和学科成就，以此作为对世界特殊教育的贡献。20 世纪各国都在讲欧洲特殊教育发展的历史，21 世纪应该由中国人到外国去讲授中国特殊教育的历史和方法。这个前提是我们要做好自己的工作，整理和研究自己的历史，要我们去努力工作，走出有中国特色的道路，实实在在地解决中国特殊教育面临的问题。

21 世纪刚刚到来，重任落在今天年轻的中国特殊教育工作者身上。

21 世纪的中国特殊教育及学科的发展要由刚参加或即将参加特殊教育工作的人以及他们培养的新一代来完成。

我们有责任更勤奋地工作，为 21 世纪的特殊教育事业和学科的发展准备更好的条件，使我们既无愧于前辈开拓性的工作，又无愧于我们下一个世纪的接班人。

我们应该做到！

我们一定能够做到！